DE EXPERTO A CONSULTOR: EL CAMINO PARA CONSTRUIR TU PROPIA CONSULTORA.

Conviértete en un experto reconocido, alcanza tus metas profesionales y multiplica tus ingresos.

FACUNDO AMERISE

ÍNDICE:

INTRODUCCIÓN

El camino hacia la creación de una consultora es un desafío que implica dedicación, aprendizaje continuo y una visión estratégica clara. Convertir tus conocimientos en un servicio estructurado, capaz de aportar soluciones a empresas y organizaciones, es una meta ambiciosa y sumamente gratificante. La consultoría permite que los profesionales lleven su expertise más allá del ámbito individual, transformándose en agentes de cambio para múltiples negocios. Como Peter Drucker, el reconocido padre del management moderno, afirmaba: "La gestión es hacer las cosas bien; el liderazgo es hacer lo correcto". En este libro, exploraremos cómo la gestión y el liderazgo se combinan en la consultoría para lograr un impacto transformador en los negocios.

Este libro tiene como propósito servir de guía integral para aquellos profesionales que desean construir una consultora desde cero y desarrollarla con éxito. Está diseñado tanto para quienes ya tienen una idea clara de su propuesta de valor como para aquellos que aún están explorando cómo llevar sus conocimientos al mundo de la consultoría. Con un enfoque práctico y accesible, cada capítulo te proporcionará herramientas y técnicas que podrás aplicar a medida que construyes y expandes tu consultora. A medida que avanzas, este libro busca ser una referencia constante, un recurso que te acompañe en cada etapa del crecimiento de tu negocio.

La consultoría ofrece una oportunidad única para aquellos que desean aplicar sus conocimientos a desafíos reales y específicos, aportando soluciones que marcan una diferencia tangible. En lugar de estar limitado a una sola empresa o industria, la consultoría te permite aplicar tu expertise de manera versátil, adaptándote a diferentes contextos y necesidades. Además, al crear tu propia consultora, no solo ofreces un servicio, sino que estás construyendo una marca personal, una reputación, y una relación de confianza con tus clientes que les permitirá ver en ti un aliado estratégico para su desarrollo.

Esta carrera no solo es una vía para monetizar tus habilidades, sino también un medio para generar valor en el mercado y contribuir a la evolución de diversas organizaciones. Si eres un profesional comprometido con la mejora continua, la consultoría te brinda la plataforma para que tus conocimientos no solo se reconozcan, sino que generen un impacto genuino.

Este libro está dirigido a profesionales con experiencia en su área, que sienten la necesidad de dar un paso más allá y emprender en el mundo de la consultoría. Si tienes un conocimiento profundo en un campo específico, ya sea en áreas como la salud, la tecnología, el marketing, la gestión, las finanzas o cualquier otro sector, este libro es para ti. No importa si eres alguien que ya tiene años de experiencia o si apenas has comenzado en el camino de la consultoría, aquí encontrarás las herramientas necesarias para avanzar.

Además del conocimiento, debes tener mentalidad emprendedora. Como dice Richard Branson, fundador de Virgin Group, "El éxito empresarial proviene de la pasión, el trabajo duro y la capacidad de tomar riesgos calculados" (*The Virgin Way: Everything I Know About Leadership*, 2014). Ser consultor también implica ser capaz de enfrentarse a la incertidumbre y gestionar la ambigüedad y el riesgo. Los consultores exitosos son aquellos que saben adaptarse, que pueden desarrollar soluciones creativas ante problemas complejos, y que son capaces de establecer relaciones sólidas con sus clientes. Si te consideras una persona con estas características, este libro es la guía práctica que te llevará a poner en marcha tu propio negocio de consultoría.

Este libro está diseñado para ser tanto práctico como reflexivo. Cada capítulo aborda un tema esencial en la creación de una consultora, desde la conceptualización de tu idea hasta su ejecución y escalabilidad. El objetivo es que, al final de cada sección, no solo entiendas la teoría, sino que también puedas aplicar los conceptos a tu propia consultora. Siguiendo la idea de Tony Robbins, quien afirma en su libro *Awaken the Giant Within* (1991) que "El aprendizaje no ocurre cuando escuchamos, sino cuando aplicamos", este libro se centra en la acción.

La estructura del libro te llevará paso a paso por el proceso de crear una consultora. A lo largo de cada capítulo, se te presentarán herramientas prácticas que podrás usar directamente en tu camino emprendedor. No se trata solo de leer, sino de hacer.

Cada capítulo termina con una reflexión y un desafío práctico. Estos ejercicios no solo te permitirán interiorizar el contenido, sino que también te impulsarán a tomar acción y a avanzar en tu proyecto. Como afirmó Jim Rohn, un gran mentor en el ámbito del desarrollo personal, "El éxito es algo que atraes por la persona en la que te conviertes" (*The Art of Exceptional Living*, 1993). Por ello, es esencial que utilices las herramientas de este libro no solo para crear tu consultora, sino para crecer como consultor.

Crear una consultora no es fácil. De hecho, muchos emprendedores enfrentan varios obstáculos en el camino hacia el éxito. Uno de los desafíos más comunes es la adquisición de clientes. Durante los primeros meses (y a veces incluso años), puede ser difícil encontrar clientes estables y de calidad. Según la investigación de *Harvard Business Review* (2015), "Los emprendedores a menudo subestiman la importancia de construir relaciones de confianza desde el principio; sin una base sólida, el negocio puede no sostenerse a largo plazo".

Otro reto importante es la gestión financiera. La falta de capital inicial, la necesidad de gestionar flujo de caja y las incertidumbres sobre la rentabilidad de los primeros meses pueden generar muchas dudas. Es fácil caer en la trampa de subestimar lo que se necesita para mantener un negocio rentable. Como escribió Michael Porter en *Competitive Strategy* (1980), "El éxito en los negocios depende tanto de cómo se gestionan los recursos financieros, como de la capacidad para identificar y explotar oportunidades de mercado".

Mi compromiso contigo es brindarte una guía clara, profesional y práctica que pueda acompañarte en el inicio, el desarrollo y el crecimiento de tu consultora. Este libro está pensado para ser un recurso al que puedas volver en cada etapa de tu camino profesional, ya sea para profundizar en un concepto, para encontrar inspiración o para resolver una duda específica. Mi deseo es que, al finalizar esta lectura, tengas la claridad y la confianza necesarias para hacer realidad tu proyecto de consultoría y, sobre todo, para crear un negocio que refleje tus valores y que aporte valor real a quienes confían en ti.

Ahora que comprendes el propósito de este libro y lo que puedes lograr como consultor, es momento de dar el primer paso. En el próximo capítulo, exploraremos qué significa realmente transformarte en consultor. Descubrirás los beneficios, retos y cualidades esenciales que necesitas desarrollar para construir una carrera exitosa y significativa en la consultoría.

CAPÍTULO 1: "DA EL PRIMER PASO"

Iniciar una consultora es una decisión que exige reflexión, compromiso y una comprensión clara de lo que significa ser consultor. Más que ofrecer servicios, se trata de convertirse en una figura de referencia que aporta valor y resuelve problemas específicos para empresas u organizaciones. En este primer capítulo, exploraremos los beneficios, retos, y cualidades fundamentales que necesitas desarrollar para transformar tu conocimiento en un servicio estructurado y eficaz.

Para construir una consultora, es fundamental contar con una visión de tu propósito y un entendimiento sólido de los desafíos que enfrentarás. Como mencionó el autor y especialista en liderazgo Simon Sinek, "Las personas no compran lo que haces, compran por qué lo haces". Este concepto es clave en consultoría, donde tu propósito y tu propuesta de valor serán los elementos que diferenciarán tus servicios en el mercado y atraerán a los clientes.

1.1 Descubriendo tu Propósito

Todo emprendimiento exitoso comienza con una razón de ser clara. En consultoría, tu propósito es mucho más que una motivación personal; es el valor que deseas aportar al mercado y la huella que aspiras a dejar en las organizaciones que ayudes. El propósito es lo que mantendrá tu visión en momentos difíciles y lo que atraerá a los clientes que se identifiquen con tu mensaje. **Definir este propósito central es el primer paso para construir una consultora auténtica y sostenible.**

Cuando decides transformarte en consultor, estás optando por un camino que, sin duda, tiene sus recompensas, pero que también requiere tenacidad, disciplina y resiliencia. A lo largo de este capítulo, iremos profundizando en tu propósito, ayudándote a encontrar una conexión sólida con esta decisión. Así que, para empezar, te pregunto: ¿Por qué quieres ser consultor? ¿Es para aportar valor a una industria que te apasiona? ¿Es porque quieres compartir tu experiencia y ayudar a otros a evitar los errores que tú ya superaste? Estas preguntas no son meramente retóricas; su respuesta es la clave de tu motivación diaria.

Imagina que un posible cliente te pregunta "¿Por qué decidiste ser consultor?" ¿Qué responderías? Esta es una de las preguntas que, en algún momento, tendrás que responder no solo a otros, sino también a ti mismo.

A continuación, te sugiero algunas preguntas que pueden ayudarte a afinar tu propósito:

- **¿Cuál es el impacto que deseas generar?** Si ya tienes un área de experiencia, piensa en cómo puedes ayudar a transformar a personas o empresas dentro de ese ámbito.
- **¿Qué te motiva más de esta profesión?** Esto puede incluir desde el interés por aprender constantemente, hasta la posibilidad de construir algo propio.
- **¿Qué problemas estás capacitado para resolver?** Los clientes buscan consultores que les ayuden a superar desafíos específicos. Tener claro qué problemas puedes resolver será fundamental para definir tu enfoque.

Pensemos en un ejemplo práctico. Imagina que has pasado los últimos diez años trabajando en el sector de recursos humanos, gestionando el talento y diseñando programas de desarrollo para empleados. Has visto de cerca las dificultades y carencias de muchas organizaciones en este ámbito, y sabes que podrías ayudarlas a mejorar. Decidir convertirte en consultor en desarrollo de talento, entonces, es tu forma de contribuir con las empresas a mejorar no solo la retención de empleados, sino también el bienestar y la eficiencia en sus equipos. Tu propósito no es solo un deseo; es la razón por la que, ante las dificultades, seguirás adelante.

Recuerda que el propósito se convertirá en tu motor, y tenerlo claro desde el principio será tu ancla cuando te enfrentes a los desafíos propios de esta profesión.

1.2 Los Beneficios de Ser Consultor

La consultoría ofrece una gama de beneficios que no solo atraen a los profesionales experimentados, sino que también los mantienen comprometidos y satisfechos a lo largo de su carrera. Uno de los aspectos más atractivos es la **autonomía**. A diferencia de un empleo tradicional, la consultoría permite una libertad que pocos trabajos pueden ofrecer. Esto implica decidir qué proyectos aceptar, con qué tipo de clientes trabajar y cómo organizar el propio tiempo. La autonomía en la consultoría brinda una sensación de control y propósito. Según *The Million Dollar Consulting* de Alan Weiss, uno de los mayores beneficios de la consultoría es que el consultor, en última instancia, dirige su propio destino. Este control no solo es atractivo desde una perspectiva profesional, sino que también es altamente satisfactorio en lo personal.

Otro aspecto clave es la posibilidad de **generar un impacto tangible** en cada proyecto. A menudo, los consultores entran en una organización o trabajan con un cliente en un momento crítico, ya sea para resolver problemas, mejorar procesos o definir estrategias. A diferencia de otras profesiones, donde los resultados pueden ser graduales o indirectos, la consultoría permite ver cambios y mejoras palpables que son resultado directo del trabajo realizado. Block, en *Flawless Consulting*, menciona que el consultor tiene una capacidad especial para influir en la transformación de una empresa desde el primer contacto, ya que sus intervenciones suelen abordar temas críticos de una forma estructurada. Esta capacidad de generar cambios profundos convierte a la consultoría en una actividad que no solo es remunerativa, sino también gratificante.

Además de la autonomía y el impacto, la consultoría ofrece la oportunidad única de trabajar con una **variedad de industrias, empresas y contextos.** Cada cliente presenta un conjunto de desafíos, necesidades y expectativas diferentes, lo cual permite al consultor desarrollar un conocimiento multidisciplinario y una gran adaptabilidad. Esta diversidad no solo enriquece la experiencia laboral, sino que también convierte al consultor en un profesional más completo. Según Weiss, los consultores exitosos son aquellos que aprovechan cada proyecto para aprender algo nuevo y ampliar su perspectiva. Esta constante exposición a diferentes sectores y personas fortalece la capacidad del consultor para adaptarse y para entender las complejidades de los negocios desde una perspectiva integral.

Otro beneficio importante de la consultoría es la **flexibilidad** en el estilo de vida. Aunque el trabajo puede ser demandante, el consultor tiene la posibilidad de definir sus propias jornadas y de equilibrar sus responsabilidades laborales y personales de una forma que se ajuste a sus propias necesidades. Para muchos, esta flexibilidad es un lujo invaluable, que les permite estar más presentes en sus vidas familiares, tener tiempo para el desarrollo personal o, incluso, dedicar espacio a otras pasiones y proyectos. Maister destaca en *Managing the Professional Service Firm* que la consultoría, bien organizada, permite una flexibilidad que se convierte en una ventaja competitiva para aquellos que buscan un estilo de vida más equilibrado.

Por último, y quizás lo más gratificante, es el **potencial de crecimiento personal y profesional** que ofrece la consultoría. Cada proyecto y cliente presenta no solo una oportunidad de crecimiento económico, sino también un reto que permite al consultor aprender, innovar y reinventarse constantemente. Este crecimiento continuo desarrolla una mayor autoconfianza y una visión estratégica que se convierte en un sello distintivo del consultor. Como señala Weiss, la consultoría bien ejecutada es un proceso de evolución constante donde cada experiencia contribuye a afinar habilidades y a mejorar la calidad del servicio. Esta capacidad de crecimiento y de aprendizaje continuo es, sin duda, uno de los beneficios más enriquecedores de esta carrera.

Ser consultor significa **tomar las riendas de la propia vida profesional y personal.** Es una carrera que permite construir una vida de propósito, independencia y realización. Los beneficios de la consultoría no solo se reflejan en los resultados obtenidos para los clientes, sino también en la satisfacción personal de llevar una carrera que evoluciona y desafía constantemente. En un mundo en el que el éxito profesional a menudo se mide por la estabilidad y la jerarquía, la consultoría ofrece una alternativa que valora la libertad, la creatividad y el impacto real.

1.3 Los Retos de la Consultoría

Iniciar una consultora no es una tarea sencilla. Entre los retos más comunes se encuentran la necesidad de construir una reputación, captar clientes y ofrecer un servicio de alta calidad que cumpla con las expectativas del mercado. Al ofrecer soluciones especializadas, los clientes depositan en ti la confianza de que podrás generar resultados concretos, y cumplir con estas expectativas es una responsabilidad que requiere preparación y dedicación.

Además, ser consultor implica trabajar en un entorno de incertidumbre, donde cada proyecto puede presentar desafíos únicos y demandar habilidades de adaptación y resolución rápida de problemas. Mantenerse relevante en un mercado competitivo también implica actualizar constantemente tus conocimientos y habilidades. Esto requiere un compromiso con la mejora continua y la excelencia.

Uno de los primeros desafíos en la consultoría es la inestabilidad financiera, algo que se hace evidente desde el momento en que decides emprender. A diferencia de un empleo con relación de dependencia con ingresos salariales constantes, el trabajo por proyectos implica que los ingresos pueden variar de un mes a otro. Alan Weiss, en The Consulting Bible, describe cómo los consultores deben desarrollar una base sólida y estable de clientes, ya que esta base y proyectos es lo que realmente garantiza la estabilidad en esta carrera. Esta variabilidad, aunque intimidante al principio, también actúa como una oportunidad de crecimiento, ya que motiva a los consultores a construir relaciones estables y duraderas con sus clientes y a diversificar su cartera de proyectos. La consultoría ofrece, en este sentido, un incentivo adicional para desarrollar habilidades de networking y para mejorar continuamente el valor entregado a los clientes.

A la inestabilidad financiera le debemos sumar otro reto significativo: la gestión del tiempo y la búsqueda de equilibrio entre el trabajo y la vida personal. En una consultora, el tiempo es un recurso crucial, y los consultores deben gestionar no solo los proyectos en sí, sino también las tareas administrativas, la búsqueda de nuevos clientes y la planificación de sus propios servicios. David H. Maister, en Managing the Professional Service Firm, describe cómo el equilibrio entre estos aspectos es esencial para evitar el agotamiento y garantizar la satisfacción tanto de los clientes como del consultor. Al fin y al cabo, el éxito a largo plazo en la consultoría no solo depende de la calidad del servicio ofrecido, sino también de la capacidad del consultor para sostener ese nivel de excelencia sin descuidar su propia calidad de vida. Desarrollar una estructura sólida de gestión del tiempo se convierte en una habilidad fundamental y en un aprendizaje invaluable.

Por otro lado, la consultoría exige una capacidad de adaptación constante, ya que cada cliente trae consigo un conjunto único de expectativas y desafíos. Esta necesidad de flexibilidad es lo que hace a la consultoría tan dinámica y enriquecedora. La adaptabilidad permite que los conocimientos y habilidades del consultor se apliquen en una variedad de contextos, lo que a su vez enriquece la experiencia y el valor que puede ofrecer. Como afirma Weiss, "el verdadero valor de un consultor radica en su capacidad para ajustarse y aplicar sus conocimientos en diferentes contextos". Esta capacidad de adaptación no solo facilita el éxito en cada proyecto, sino que también convierte al consultor en un recurso más valioso y versátil.

En la misma línea de desafíos, la construcción de confianza y credibilidad es uno de los pilares fundamentales de una consultora exitosa, pero también es un aspecto que requiere tiempo y dedicación. La consultoría se basa en una relación de confianza entre el cliente y el consultor. La confianza no se adquiere sólo a través de habilidades técnicas, sino también mediante integridad y empatía. Tal como lo explica Peter Block en Flawless Consulting, la consultoría efectiva se basa en la creación de una relación donde el cliente sienta que sus preocupaciones y perspectivas son entendidas y respetadas. Este tipo de relación no solo permite que el consultor obtenga mejores resultados en cada proyecto, sino que también garantiza una relación a largo plazo, aumentando así la probabilidad de referidos y trabajos recurrentes.

Finalmente, el rechazo y la incertidumbre son aspectos inevitables en la consultoría. Ya sea que se trate de una propuesta rechazada, de un cliente que decide no continuar con los servicios o de una estrategia que no produce los resultados esperados, es fundamental aprender a manejar estos momentos. Weiss señala la resiliencia como una habilidad crucial en esta profesión, donde los momentos difíciles no solo son inevitables, sino que también actúan como experiencias de aprendizaje que pueden mejorar la práctica y fortalecer las habilidades del consultor. A medida que aprendes a enfrentar y superar estas situaciones, adquieres una perspectiva más amplia y una capacidad de resistencia que se convierten en activos valiosos en el camino hacia el éxito en la consultoría.

Cada uno de estos retos representa una oportunidad para fortalecer habilidades, crear relaciones de valor y construir una carrera profesional gratificante. Es un camino que exige paciencia, compromiso y una visión clara, pero que también brinda la posibilidad de transformar vidas, incluyendo la tuya propia, de una manera significativa y duradera.

1.4 Definiendo tu Área de Expertise

Especializarse en un área específica te permitirá **construir una marca distintiva** y atraer a los clientes adecuados. La clave está en elegir un enfoque que combine tus fortalezas con las necesidades del mercado. Como aconseja Peter Drucker, "La esencia de la estrategia es elegir qué no hacer". La consultoría efectiva implica especialización; al definir una especialidad, posicionarás tus servicios como los de un experto en lugar de un generalista.

A diferencia de otros sectores, la consultoría no se trata de ser un "todólogo". Ser un consultor experto en un campo específico genera confianza en los clientes y les da la seguridad de que están contratando a alguien con el conocimiento profundo necesario para resolver sus problemas. Por lo tanto, definir tu área de expertise no es solo una cuestión de intereses personales, sino también una estrategia de negocio.

La selección de tu área de expertise debe ser un proceso de reflexión profunda y análisis. Es importante basarse en varios factores, que incluyen:

1. **Tu conocimiento y experiencia previa:** Tu formación académica, años de experiencia laboral y proyectos pasados son fundamentales al momento de elegir en qué área te especializas como consultor. No solo venderás tu conocimiento técnico, sino también tu experiencia práctica. ¿En qué has trabajado antes? ¿Cuáles son tus mayores fortalezas?

2. **Demanda del mercado:** El sector de la consultoría está en constante evolución, y hay áreas de especialización que pueden estar más demandadas que otras. Investigar el mercado es fundamental para identificar qué servicios son requeridos y cuáles tienen mayor potencial de crecimiento. Por ejemplo, el sector de la transformación digital o la sostenibilidad empresarial son campos en auge, según el informe de McKinsey & Company sobre tendencias en la consultoría. Identificar estos nichos te dará una ventaja competitiva.

3. **Tu pasión e interés:** Aunque la demanda del mercado es importante, no subestimes el valor de elegir un área que realmente te apasione. La consultoría es un trabajo que requiere dedicación y entusiasmo, y la pasión por un tema específico te permitirá ofrecer un servicio genuino y motivado. Como dice Simon Sinek en *Start with Why*, cuando trabajas en algo que te apasiona, tu energía y compromiso se reflejan en la calidad de tu trabajo.

4. **Habilidades transferibles:** Las habilidades que ya tienes pueden ser utilizadas en varios sectores. Si eres un experto en gestión financiera, pero también tienes

experiencia en recursos humanos, puede ser una excelente idea fusionar ambos campos y ofrecer consultoría en áreas como la optimización de equipos de trabajo desde un enfoque financiero. La clave está en encontrar el equilibrio entre lo que sabes hacer bien y lo que el mercado necesita.

Una vez que hayas identificado tu área de expertise, es fundamental **validarla** antes de lanzarte completamente al mercado. La validación te ayudará a asegurarte de que hay una demanda real de tus servicios y que puedes ofrecer un valor tangible. Para hacer esto, te sugerimos:

- **Hablar con expertos del sector:** Contactar a otros profesionales que ya estén en tu área de especialización puede ser una excelente forma de obtener información sobre la demanda, las necesidades del mercado y las tendencias actuales. Esto te proporcionará una visión más clara de la viabilidad de tu nicho.
- **Encuestas y entrevistas con clientes potenciales:** Hablar directamente con empresas o personas que podrían beneficiarse de tus servicios es una excelente forma de validar si existe una verdadera necesidad.

Pregúntales sobre sus desafíos actuales y cómo tu expertise podría ayudarles a resolver esos problemas.

- **Análisis de la competencia:** Estudiar a otros consultores que ya estén trabajando en el mismo campo te permitirá ver qué están haciendo bien y en qué podrías diferenciarte. Como señala Tim Ferriss en *The 4-Hour Workweek*, la competencia te ofrece una excelente oportunidad para aprender de sus éxitos y errores, y te ayuda a identificar nichos sin explotar dentro del mismo sector.

<u>Definir claramente tu área de expertise te proporciona varias ventajas clave:</u>

1. **Focalización de esfuerzos y recursos:** Al centrarte en un área específica, puedes concentrar tus esfuerzos en desarrollar una propuesta de valor clara, mejorar continuamente tus conocimientos y habilidades, y construir una marca personal sólida en ese campo. La especialización te permite ser reconocido como un líder de pensamiento, algo que puede ser difícil de lograr si eres un "consultor generalista".

2. **Aumento de la confianza del cliente:** Los clientes buscan a alguien que tenga una profunda comprensión de sus problemas específicos. Si eres conocido por ser un experto en un área concreta, será más fácil generar confianza y cerrar ventas. En lugar de ofrecer una solución vaga y genérica, podrás presentar soluciones específicas adaptadas a las necesidades del cliente.

3. **Mayor facilidad para establecer precios y márgenes más altos:** La especialización permite justificar tarifas más altas. Como dice David A. Fields en *The Irresistible Consultant's Guide to Winning Clients*, cuando eres un experto reconocido en un nicho, tus tarifas reflejan ese conocimiento y la calidad de tu servicio. Además, los clientes suelen estar dispuestos a pagar más por alguien que entienden que tiene el conocimiento especializado para resolver sus problemas con mayor eficacia.

4. **Estrategia de marketing más eficiente:** Al tener un área definida, podrás crear contenido, estudios de caso y ejemplos que demuestren tu habilidad en esa área. Esto facilita la creación de una estrategia de marketing enfocada y coherente, y te permite construir tu marca personal con mayor claridad.

Definir tu área de expertise es uno de los pasos más importantes al comenzar un negocio de consultoría. No se trata solo de una cuestión de preferencias personales, sino de una estrategia que impactará en tu éxito a largo plazo. Si bien el mercado de la consultoría es amplio y lleno de posibilidades, especializarte en un nicho específico te brinda las herramientas necesarias para destacarte, construir una reputación sólida y aumentar la demanda de tus servicios.

1.5 ¿Tienes lo que se Necesita?

Hazte esta pregunta: ¿Tienes lo que se necesita para ser consultor?

Convertirse en consultor es un camino desafiante, pero también profundamente gratificante. Es un viaje de autodescubrimiento, en el que te enfrentas a tus propias habilidades, valores y visión. Sin embargo, antes de dar el primer paso, es crucial reflexionar sobre si tienes lo que se necesita para comenzar este viaje.

La primera pregunta que surge es: ¿estás preparado para asumir la responsabilidad de ser tu propio jefe? La consultoría no es solo una carrera profesional, es un compromiso con el crecimiento personal y la disciplina.

Cuando trabajas para una empresa, tu estructura y responsabilidades están claramente definidas. Pero como consultor, serás responsable de tu propio éxito y fracaso. Esto implica gestionar tu tiempo, tus recursos y tus relaciones de manera autónoma. Si bien esto puede sonar aterrador para algunos, es una oportunidad para aquellos que buscan tomar las riendas de su carrera y dejar una huella personal en su industria.

Un aspecto esencial que debes considerar es la capacidad de gestionar la incertidumbre. En la consultoría, no siempre habrá un camino claro. A menudo, deberás navegar por territorios inexplorados, resolver problemas complejos y adaptarte rápidamente a cambios en el mercado. No tener todas las respuestas de inmediato es una parte del proceso, y la capacidad de aprender sobre la marcha es una habilidad fundamental. ¿Eres alguien que puede tolerar la ambigüedad y tomar decisiones con la información disponible, sin esperar la perfección?

Ser consultor requiere empatía y habilidades interpersonales excepcionales. Como consultor, no sólo debes ser experto en tu área, sino también ser capaz de conectar con los demás. La mayoría de tus clientes buscarán una solución personalizada a sus problemas. Para lograrlo, debes escuchar atentamente, entender sus necesidades y ofrecer soluciones que sean tanto estratégicas como humanas. Esto requiere una disposición genuina para ayudar y un enfoque centrado en el cliente, donde tu principal objetivo sea su éxito. Si no disfrutas interactuar con otras personas o te resulta complicado comprender las necesidades de los demás, la consultoría podría no ser la mejor opción para ti.

Por otro lado, un consultor también debe tener una mentalidad empresarial. Esto implica comprender no sólo los aspectos técnicos de tu especialidad, sino también cómo posicionar tu servicio en el mercado. Tendrás que definir tu propuesta de valor, establecer tarifas adecuadas y gestionar las expectativas de los clientes. La consultoría es, en última instancia, un negocio, y aunque tu expertise técnico sea crucial, tu habilidad para gestionar tu consultora como una empresa rentable será igualmente importante.

Otra cualidad esencial es la resiliencia. En el camino hacia el éxito como consultor, habrá días difíciles, proyectos que no salen como esperabas y clientes que no se comprometen como pensabas. Ser capaz de enfrentar los contratiempos con una mentalidad positiva, aprender de los errores y seguir adelante es una habilidad clave para mantenerte en el juego. La capacidad de adaptarse y evolucionar será fundamental para no solo sobrevivir, sino prosperar en el mundo de la consultoría.

Finalmente, debes hacer una introspección honesta sobre tu motivación. ¿Por qué quieres ser consultor? ¿Es por la flexibilidad, por el deseo de hacer una diferencia o por la independencia financiera? Tener claro tu "por qué" te dará la energía necesaria para superar los desafíos y mantenerte enfocado. Sin un propósito claro, es fácil caer en la rutina y perder de vista lo que realmente te impulsa.

Ser consultor no es para todos. Si bien las recompensas pueden ser grandes, también lo son los desafíos. Ser consciente de tus fortalezas y debilidades, tener un fuerte sentido de propósito y una mentalidad de crecimiento son factores que marcarán la diferencia entre aquellos que tienen éxito en este campo y aquellos que no logran avanzar. Si después de reflexionar te sientes preparado para asumir estas responsabilidades y desafíos, entonces es probable que tengas lo que se necesita para ser consultor. El camino no será fácil, pero la satisfacción de saber que estás ayudando a otros a resolver problemas y alcanzar sus objetivos es un motor poderoso que puede mantenerte en marcha incluso en los momentos difíciles y ser muy reconfortante desde lo personal y laboral.

1. 6 La Importancia del Primer Paso

Al pensar en la creación de una consultora, es fácil sentirse abrumado por la magnitud de lo que implica. Las dudas sobre el futuro, el miedo al fracaso y la falta de claridad sobre cómo comenzar son obstáculos que todos enfrentan. Es natural preguntarse: *¿Cómo puedo empezar? ¿Qué debo hacer primero?* Es importante recordar que todo comienza con un solo paso. Y, aunque ese primer paso no tiene que ser perfecto, es el que marcará el inicio de un camino hacia el éxito.

Dar el primer paso no significa tener todas las respuestas, sino estar dispuesto a aprender en el camino. El primer paso es el que diferencia a quienes sueñan de quienes actúan. Reid Hoffman, cofundador de LinkedIn, expresa esta idea con claridad: "Si no estás fallando de vez en cuando, es que no estás innovando lo suficiente". Con cada paso, irás aprendiendo y ajustando tus métodos, perfeccionando tus servicios y descubriendo nuevas fortalezas. La clave está en comenzar, enfrentando el miedo y construyendo el camino hacia una consultora exitosa.

Muchas personas talentosas suelen quedarse estancadas en este miedo al inicio. Se quedan esperando el momento perfecto, el momento en que todo esté resuelto y claro. Sin embargo, el primer paso no tiene que ser el final ni el comienzo de algo perfecto. No se trata de tener todas las respuestas, sino de empezar. Si esperas a tener todo resuelto antes de actuar, probablemente nunca des ese primer paso. El secreto está en moverse, en crear momentum, en aprender mientras avanzamos.

Tomar acción, aunque sea pequeña al principio, genera una energía que nos impulsa a continuar. El miedo disminuye con cada acción que tomamos. Es algo que he experimentado personalmente: el primer paso es siempre el más difícil, pero una vez que lo das, empiezas a ver cómo todo cobra sentido. El mismo concepto se aplica al mundo de las consultorías. No necesitas tener todos los detalles claros, no necesitas un plan perfecto, simplemente comienza.

El concepto de "probar y mejorar" es clave aquí. No se trata de lanzar una consultora perfecta de inmediato, sino de poner en marcha algo que puedas ajustar conforme avances. Al dar ese primer paso, no estás comprometiéndote a hacer todo bien desde el inicio. Lo que realmente importa es empezar, aprender y adaptarte. Como James Clear señala en su libro *Atomic Habits*, *"El progreso, no la perfección, es lo que nos mueve hacia adelante"*. A medida que tomes decisiones y comiences a trabajar en tu proyecto, irás perfeccionando tu enfoque, aprendiendo más sobre tus fortalezas y debilidades, y adaptando tu consultora a lo que realmente funciona.

Es fácil caer en la trampa de la procrastinación, esperando que las condiciones sean perfectas para empezar. Pero el verdadero crecimiento ocurre cuando nos atrevemos a salir de nuestra zona de confort y damos ese primer paso hacia lo desconocido. La acción tiene el poder de disipar el miedo, de aumentar la confianza en nosotros mismos y de ponernos en movimiento. Mientras te enfrentas a tus temores y dudas, sigues avanzando, y cada paso te acerca más a tu meta.

Por supuesto, esto no significa que no debas tener una visión. El primer paso no es solo un acto impulsivo, es el comienzo de un viaje que debe estar alineado con una visión clara de hacia dónde te diriges. Al dar el primer paso, debes tener en mente a dónde quieres llegar. Es esta visión a largo plazo la que te ayudará a mantenerte motivado y enfocado, incluso cuando las cosas no salgan según lo planeado. Esta visión se convierte en el motor que te impulsa hacia adelante, y es lo que te permitirá ajustar tu rumbo en el camino, ya que como bien dijo Simon Sinek en *Start with Why*, *"Las personas no compran lo que haces, compran el porqué lo haces"*. Tener claro tu "porqué" detrás de la creación de tu consultora te dará el propósito necesario para seguir adelante en los momentos difíciles.

Ejercicio práctico: Definiendo tu Propósito Central

Para ayudarte a formular un propósito sólido, realiza el siguiente ejercicio:

1. Describe tu inspiración

Escribe de manera libre y espontánea lo que te motiva a entrar en la consultoría. No te preocupes por el formato; solo deja fluir tus pensamientos e ideas. Responde preguntas como:

- ¿Qué me apasiona de mi área de conocimiento?
- ¿En qué quiero marcar una diferencia?

2. Identifica tu impacto deseado

Reflexiona sobre el impacto que deseas lograr. Completa las siguientes frases para guiarte:

- "Quiero ayudar a mis clientes a..."
- "Mi objetivo es mejorar la forma en que las empresas..."

Escribe ejemplos concretos de cambios que te gustaría ver en tus clientes, ya sea en sus procesos, su cultura organizacional o sus resultados.

3. Define tu "porqué"

Responde en una sola frase a la siguiente pregunta: ¿Por qué he elegido ser consultor en este campo?

4. Construye tu declaración de propósito

Con base en los puntos anteriores, crea una declaración breve de tu propósito. Intenta responder de manera concisa pero clara: ¿qué es lo que realmente te mueve y cómo esperas lograrlo?

Para ayudarte a crear el tuyo, observa este ejemplo:

"Mi propósito como consultor es ayudar a pequeñas y medianas empresas a optimizar sus recursos y estrategias, permitiéndoles competir en igualdad de condiciones en un mercado que cambia rápidamente. Mi misión es que cada organización con la que trabajo alcance su máximo potencial."

Este propósito es específico y refleja un compromiso tanto con el cliente como con el impacto en la comunidad.

Definir tu propósito no es un ejercicio que se completa en un solo día; puede ser un proceso en constante evolución. A medida que avanzas y profundizas en la consultoría, es posible que identifiques nuevas motivaciones y ajustes tu propósito en función de tus experiencias. El objetivo de este ejercicio es brindarte una base sólida que te guíe en el inicio de tu viaje, una visión clara que te recuerde por qué elegiste este camino y qué deseas lograr en el proceso.

Una vez que has identificado tu propósito y comprendido los retos y beneficios de ser consultor, es hora de estructurar tus ideas. El próximo capítulo te guiará en cómo transformar esa inspiración en un modelo de negocio sólido. Aquí aprenderás a definir tu visión, misión, y valores, y a identificar un nicho de mercado que te permitirá diferenciarte.

CAPÍTULO 2: "CÓMO TRANSFORMAR TU IDEA EN UN MODELO DE NEGOCIO?"

2.1 Definir tu Misión, Visión y Valores

Definir una misión, visión y valores sólidos es el primer paso para establecer una consultora con propósito y dirección. Estos elementos no sólo te ayudarán a construir una identidad coherente, sino que también te guiarán en cada decisión y te ayudarán a conectar con tus clientes en un nivel más profundo. La misión, la visión y los valores son el núcleo de cualquier consultora; reflejan por qué existes, hacia dónde te diriges y los principios que guían tu trabajo.

La visión es una declaración que describe la dirección a largo plazo de tu consultora. Es una proyección de lo que quieres que tu negocio logre en el futuro y el impacto que deseas crear en tu industria o en la vida de tus clientes. Al definir tu visión, imagina cómo quieres que sea tu consultora en los próximos cinco o diez años. Una visión inspiradora te ayudará a mantener el enfoque en momentos de desafío y te dará una meta clara hacia la cual avanzar.

Ejemplo de visión: "Ser la consultora de referencia en innovación tecnológica para pequeñas y medianas empresas, ayudándolas a implementar soluciones que impulsen su crecimiento y competitividad en un mercado digitalizado."

La misión define el propósito de tu consultora y responde a la pregunta: ¿por qué existimos? Es una declaración que describe lo que haces, para quién lo haces y cómo lo haces. Mientras que la visión se enfoca en el futuro, la misión se concentra en el presente y en cómo tu trabajo beneficia a tus clientes. Una misión clara no solo te permite comunicar de manera efectiva el valor de tus servicios, sino que también establece una guía para tus operaciones diarias.

Ejemplo de misión: "Ayudar a empresas a optimizar sus procesos mediante asesoría especializada en transformación digital, creando soluciones adaptadas a sus necesidades y promoviendo una cultura de innovación y crecimiento sostenible."

Los valores son los principios que guían tu trabajo y definen cómo operas como consultor. Estos principios reflejan lo que es importante para ti y para tu consultora, desde la integridad y la ética hasta la innovación y la colaboración. Los valores ayudan a construir la cultura de tu consultora y a crear una conexión de confianza con tus clientes. También sirven como base para tomar decisiones y enfrentar desafíos, asegurando que tus acciones siempre estén alineadas con tus creencias fundamentales.

Ejemplo de valores: *"Compromiso con la excelencia, innovación constante, integridad y orientación al cliente."*

Para ayudarte a definir tu misión, visión y valores, realiza el siguiente ejercicio. Este proceso te permitirá construir una base sólida para tu consultora y comunicar con claridad tu propósito y metas.

Paso 1: Imagina tu Visión
Cierra los ojos y visualiza tu consultora en cinco o diez años. Piensa en el impacto que te gustaría tener en tu sector y en tus clientes. Responde a las siguientes preguntas y redacta una declaración de visión.

- ¿Cómo quiero que se perciba mi consultora en el futuro?

- ¿Cuál es el cambio que quiero generar en mi industria?
- ¿Qué impacto quiero tener en mis clientes a largo plazo?

Paso 2: Define tu Misión

Piensa en el propósito que te impulsa a ofrecer servicios de consultoría. La misión debe reflejar lo que haces actualmente y cómo eso beneficia a tus clientes. Completa las siguientes frases y luego redacta una declaración de misión concisa.

- Mi consultora existe para...
- Nuestro propósito es...
- Ayudamos a nuestros clientes a

Paso 3: Establece tus Valores

Reflexiona sobre los principios que consideras esenciales para tu trabajo. ¿Qué valores guían tus decisiones y tus relaciones con los clientes? Selecciona de tres a cinco valores que representen tu ética y el enfoque de tu consultora.

- ¿Qué principios me guían en mi trabajo?
- ¿Cuáles son las características que quiero que definan mi consultora?

- ¿Qué valores quiero transmitir a mis clientes?

2.2 Identificar tu Nicho de Mercado

Determinar un nicho de mercado sólido es el pilar para una consultora exitosa. Escoger un nicho bien definido permite no solo desarrollar una propuesta de valor clara y atractiva, sino también enfocar mejor los esfuerzos de marketing, captar la atención de potenciales clientes, y construir una identidad distintiva en el mercado.

En términos simples, **un nicho de mercado es un segmento específico de un mercado más amplio.** Este segmento está compuesto por clientes con características, problemas o necesidades específicas. Elegir un nicho no implica que la consultora se limite, sino que tiene la oportunidad de volverse experta en un área y, a su vez, destacar frente a la competencia generalista.

Para consultores, definir el nicho es muy importante porque permite ofrecer servicios más especializados y profundos, lo cual genera confianza en los clientes potenciales. Por ejemplo, dentro de un mercado amplio como el de "consultoría en gestión", existen nichos especializados como la "consultoría en gestión del cambio para empresas familiares" o la "consultoría en implementación de metodologías ágiles para startups de tecnología".

Para ilustrar la importancia de definir un nicho, analicemos ejemplos de consultoras que han optado por especializarse y se han posicionado de manera fuerte en sus respectivos mercados:

1. **Consultoría en Eficiencia Operativa para la Industria de la Salud**
   Esta consultora podría ayudar a hospitales, clínicas y otros centros de salud a optimizar sus procesos internos y reducir costos. El sector salud tiene sus propios desafíos y regulaciones, por lo que el conocimiento específico es invaluable.

2. **Consultoría de Transformación Digital para PYMEs**
   Muchas pequeñas y medianas empresas enfrentan dificultades al implementar cambios digitales. Este tipo de consultoría, enfocada en adaptar soluciones tecnológicas accesibles y eficaces para PYMEs, puede aprovechar un nicho en crecimiento debido a la digitalización.

3. **Consultoría en Sustentabilidad para el Sector Industrial**

Con el aumento de regulaciones ambientales y la creciente demanda por prácticas sostenibles, una consultora que se especialice en implementar prácticas sustentables en industrias pesadas puede destacar en un mercado que tiene que adaptarse constantemente a nuevas normativas.

Encontrar el nicho adecuado para tu consultora es un proceso reflexivo y analítico. A continuación, presentamos un proceso práctico paso a paso:

1. Identifica tus Fortalezas y Experiencia

Debes empezar con un análisis profundo de tus habilidades y experiencia profesional. Pregúntate en qué áreas has trabajado más, cuáles son tus puntos fuertes, y en qué tipo de proyectos has tenido éxito. La experiencia previa y la especialización que puedas ofrecer serán la base sobre la que construirás tu credibilidad.

Si tienes años de experiencia en la industria financiera, podrías pensar en especializarte en consultoría de estrategia para bancos y aseguradoras, donde tus conocimientos técnicos y de regulación financiera serán muy valorados.

2. Estudia el Mercado y Detecta Necesidades

Investiga las tendencias actuales y las demandas en el mercado de consultoría. Utiliza informes de mercado, análisis sectoriales y estudios de tendencias para identificar áreas de oportunidad. También puedes entrevistar a potenciales clientes o leer publicaciones de la industria para entender sus mayores retos.

Si observas que muchas empresas están adoptando estrategias de sustentabilidad, podrías considerar un nicho de consultoría en transición verde para empresas tradicionales.

3. Define tu Propuesta de Valor Única

Una vez que has identificado un nicho potencial, es crucial definir qué hará única a tu consultora dentro de ese espacio. Reflexiona sobre lo que puedes aportar de manera distintiva y cómo tu experiencia o habilidades resolverán de manera efectiva las necesidades de los clientes en tu nicho.

Si decides enfocarte en la "consultoría de gestión de equipos para empresas tecnológicas", podrías centrarte en métodos específicos de liderazgo que maximicen la eficiencia en equipos de desarrollo y programación, diferenciándote de consultoras generales de gestión de talento.

4. Analiza a la Competencia y Encuentra una Brecha en el Mercado

Observa a otras consultoras que ya trabajen en el mismo nicho que has identificado. Investiga sus fortalezas y debilidades y analiza cómo puedes diferenciarte o mejorar sus servicios. Identificar una "brecha" en lo que ofrecen los competidores te permitirá posicionar tu consultora de forma más efectiva.

Supongamos que observas muchas consultoras enfocadas en transformación digital pero pocas especializadas en tecnologías específicas como inteligencia artificial para cadenas de suministro. Aquí hay una oportunidad de nicho.

5. Valida tu Nicho a Través de Clientes Potenciales

Antes de comprometerte por completo, trata de validar tu nicho de mercado. Una forma de hacerlo es conversar con posibles clientes sobre sus desafíos específicos y ver si estarían interesados en una consultoría como la que propones. También puedes ofrecer asesoría en pequeñas sesiones para medir el interés y la respuesta a tus ideas.

Para facilitarte la identificación de tu nicho, te proponemos un ejercicio que puedes realizar paso a paso:

1. **Haz una lista de tus áreas de experiencia**
   Enumera las áreas en las que tienes conocimientos específicos o experiencia laboral.

2. **Relaciona estas áreas con sectores o industrias concretas**
   Analiza si estas áreas pueden aplicarse a sectores específicos, como la industria automotriz, la tecnología, la educación, etc.

3. **Identifica las necesidades clave en estas industrias**
   Usa recursos como entrevistas, reportes de la industria y artículos para detectar problemas comunes que podrías solucionar con tus conocimientos.

4. **Define tu propuesta de valor**
   Piensa en cómo tu enfoque único y experiencia pueden satisfacer las necesidades de estos sectores mejor que otros.

5. **Especifica los servicios clave**
   Define claramente los servicios que ofrecerás para

solucionar estos problemas y describe cómo tu consultora los implementará.

Imaginemos que tienes amplia experiencia en estrategias de ventas y marketing en tecnología. Decides que tu nicho será "consultoría de estrategia de ventas para empresas SaaS (Software as a Service)". Aquí, podrías desarrollar una propuesta de valor centrada en mejorar las tasas de conversión y retención de clientes en este tipo de empresas. Al enfocarte en empresas de SaaS, puedes adaptar tus servicios de manera específica, incluyendo la capacitación de equipos de ventas en técnicas de upselling, personalización de la experiencia del cliente y creación de embudos de conversión optimizados para suscripciones.

El definir un nicho tiene múltiples ventajas para una consultora:

- **Especialización:** Aumenta tu nivel de conocimiento y autoridad en un área específica, lo cual puede traducirse en mayores ingresos.
- **Mejora la eficiencia de marketing:** Es más fácil y económico dirigir tus esfuerzos de marketing a un público objetivo específico.

- **Aumenta la satisfacción del cliente:** Al comprender de manera profunda las necesidades de tus clientes, podrás ofrecer un servicio de mayor calidad.
- **Posicionamiento sólido:** Con el tiempo, puedes convertirte en referente en tu nicho, lo cual atrae a nuevos clientes y te permite establecer relaciones de largo plazo.

2.3 Desarrollar tu Propuesta de Valor Única

Una propuesta de valor bien definida es uno de los elementos más poderosos en la creación de una consultora. Es el conjunto de beneficios que prometes a tus clientes y lo que te distingue de otras consultoras en el mercado. Este mensaje debe ser claro, directo y comunicar de inmediato por qué un cliente debería elegirte a ti en lugar de a la competencia.

¿Qué es una Propuesta de Valor y por qué es Crucial?

La propuesta de valor es una declaración breve y clara que responde a las siguientes preguntas:

1. ¿Qué problema estás resolviendo?

2. ¿Para quién estás resolviendo este problema?

3. ¿Cómo lo estás resolviendo de manera única?

Una propuesta de valor sólida no solo atrae a los clientes correctos, sino que también te ayuda a enfocarte en tus objetivos y en el mensaje central de tu negocio. Esto es especialmente importante en el ámbito de la consultoría, donde la competencia es alta y los clientes buscan especialistas que realmente comprendan sus necesidades.

Ejemplos de Propuestas de Valor de Consultoras Exitosas:

- McKinsey & Company: "Ayudamos a nuestros clientes a mejorar de manera sostenible su desempeño y alcanzar sus objetivos más importantes."
  Esta propuesta se centra en el impacto a largo plazo que ofrecen a sus clientes.
- Accenture: "Proporcionamos una combinación única de experiencia en industria y capacidades tecnológicas para ayudar a nuestros clientes a reinventarse y acelerar el crecimiento."
  Aquí se destaca su combinación de experiencia y

tecnología, lo cual se alinea con su enfoque en transformación digital.

- Boston Consulting Group (BCG): "Impulsamos la innovación para ayudar a nuestros clientes a construir una ventaja competitiva y sostenida."
BCG enfatiza su enfoque en innovación, lo cual es atractivo para empresas que buscan mantenerse líderes en su industria.

Para diseñar una propuesta de valor que resuene con tus clientes, sigue estos pasos:

1. Define los Problemas Principales de tu Nicho

Identifica claramente los problemas que enfrentan tus clientes potenciales es el primer paso para diseñar una propuesta de valor eficaz. Investiga las dificultades específicas que enfrentan las empresas en tu nicho, ya que esto te permitirá adaptar tu mensaje a sus necesidades.

Si tu nicho es la consultoría en eficiencia operativa para empresas manufactureras, un problema común puede ser la reducción de desperdicios en la cadena de producción. Puedes enfocar tu propuesta en cómo mejorar la eficiencia para reducir costos.

2. Destaca tus Soluciones Únicas

Reflexiona sobre las soluciones que puedes ofrecer y cómo estas se diferencian de las de otros consultores en tu área y sus propuestas de valor. Considera si hay métodos, tecnologías, o enfoques que puedas aplicar y que otros no estén utilizando.

Si trabajas con herramientas específicas de automatización o análisis de datos para mejorar la eficiencia operativa, esto puede ser una ventaja única en tu propuesta de valor.

3. Comunica los Beneficios de tus Servicios

Más allá de las soluciones técnicas, los clientes desean saber qué beneficios concretos obtendrán. En lugar de solo decir "optimizamos procesos", explica cómo esto se traduce en ahorro de costos, mayor rentabilidad y tiempos de producción reducidos.

Por ejemplo, nuestra consultoría ayuda a las empresas a reducir en un 15% los costos de producción a través de la optimización de procesos y la implementación de tecnologías automatizadas.

4. Enfócate en los Resultados que Puedes Garantizar

Los clientes quieren resultados claros. No te limites a hablar sobre lo que haces, sino en el impacto de tus servicios. Cuando es posible, muestra datos, cifras, o ejemplos concretos.

"En promedio, nuestros clientes logran reducir el tiempo de inactividad en un 30%, lo que resulta en un aumento de productividad y ahorros significativos en costos de operación."

Ejercicio Práctico: Construyendo tu Propuesta de Valor

Para ayudarte a formular una propuesta de valor efectiva, aquí tienes un ejercicio práctico:

1. **Escribe tres problemas específicos que enfrentan tus clientes en tu nicho**
   Ejemplo: "Empresas de manufactura que desean mejorar sus procesos pero enfrentan limitaciones de tiempo y presupuesto para implementar nuevas tecnologías."

2. **Define la solución que ofreces y en qué es diferente**

   Ejemplo: "Utilizamos herramientas de automatización que permiten mejoras inmediatas sin interrumpir la producción actual."

3. **Describe en una frase el beneficio principal que obtienen tus clientes**

   Ejemplo: "Aumento de la productividad y reducción de costos de operación en un 20%."

4. **Integra los tres elementos en una propuesta breve**

   Ejemplo final: "Ayudamos a empresas de manufactura a mejorar la eficiencia en sus procesos sin interrumpir la producción, logrando una reducción del 20% en costos operativos."

   Ejemplos Reales: Cómo se Ven las Propuestas de Valor en Acción:

- Consultoría de Recursos Humanos Especializada en Salud: "Facilitamos que instituciones de salud reduzcan la rotación de personal, optimizando su proceso de reclutamiento y capacitación para lograr una mejora de 25% en la retención de talento en el primer año."

- Consultoría en Estrategia de Marketing para Empresas de Software: "Ayudamos a empresas de software a captar más clientes B2B a través de estrategias de marketing de contenidos y embudos de conversión especializados, logrando un aumento del 40% en la tasa de conversión anual."

Una vez que tengas una propuesta de valor, es importante probarla y ajustarla en función de la retroalimentación. Comparte tu propuesta con colegas o incluso potenciales clientes, y ajusta el lenguaje o los beneficios en función de sus reacciones. Tu propuesta de valor debe evolucionar con el tiempo y adaptarse a los cambios en tu mercado.

Además, tienes que tener en cuenta que tu propuesta de valor debe ser coherente en todas tus plataformas y comunicaciones. Desde tu sitio web y redes sociales hasta tus presentaciones y reuniones con clientes, es fundamental que el mensaje central de tu consultora esté alineado en todos los puntos de contacto. Esto no solo genera confianza en los clientes, sino que refuerza tu identidad y posicionamiento en el mercado.

2.4 Crear una estructura básica para tu consultora

Crear una estructura sólida para una consultora no solo establece los cimientos del negocio, sino que también define la forma en que esta operará y evolucionará en el tiempo. En este punto, profundizaremos en cuatro pilares fundamentales que toda consultora debería considerar: operaciones, gestión de equipo, finanzas y procedimientos internos.

1. Sistema Operativo

El sistema operativo de una consultora incluye los procesos que sustentan desde la captación de clientes hasta la entrega del servicio. Uno de los objetivos centrales de una estructura organizativa sólida es la creación de valor a través de un proceso de consultoría efectivo, lo que, según Michael Porter, genera una ventaja competitiva sostenible. Para una consultora, esto significa diseñar cada etapa del proceso consultivo con precisión: captación de clientes, análisis, propuesta de valor, implementación y seguimiento.

- Proceso de Captación y Evaluación: El proceso de captación no es solo atraer clientes, sino asegurar que estos sean adecuados para la consultora. Crear un "perfil de cliente ideal" ayuda a filtrar clientes potenciales, y al mismo tiempo, permite adaptar las propuestas de servicio a sus necesidades específicas.
- Fases del Proyecto: Dividir el trabajo en fases es clave para una entrega de valor gradual y medible. Puede ser útil diseñar un marco de trabajo modular, donde cada proyecto se estructura en etapas definidas, desde el diagnóstico inicial hasta la evaluación post-implementación.
- Tecnología y Herramientas: La tecnología puede jugar un papel crucial, desde software de gestión de proyectos hasta herramientas de análisis y CRM para monitorear interacciones. Elegir software escalable en esta etapa ayuda a evitar la disrupción en el futuro.

2. Gestión y Asignación de Roles en el Equipo

En sus inicios, una consultora puede contar con un equipo pequeño, donde los fundadores asumen múltiples roles. Sin embargo, incluso en un equipo reducido, es esencial establecer responsabilidades claramente definidas, lo cual no solo promueve la eficiencia, sino también la moral y satisfacción del equipo.

- Roles Estratégicos: La consultoría implica una interacción continua con el cliente, así como la capacidad de gestionar la entrega de servicios. Roles como "Consultor Principal" para la relación directa con el cliente y "Gestor de Proyectos" para coordinar la ejecución pueden ser claves.
- Especialización y Competencias: Jim Collins, en *Good to Great*, sostiene que "colocar a las personas correctas en los lugares correctos" es esencial para el éxito. Esto se aplica también en la consultoría, donde aprovechar las competencias individuales (ej., finanzas, análisis de datos, comunicación) asegura que cada aspecto del negocio se desarrolle con efectividad y calidad.

3. Estructura Financiera y Control de Costos

Para que una consultora pueda sostenerse y crecer, debe contar con un sistema financiero que contemple tanto los ingresos como los costos de operación. En esta etapa, muchas consultoras comienzan con modelos simples de costos y precios, pero es importante también desarrollar prácticas financieras preventivas y de control.

- Modelos de Precios y Rentabilidad: Definir un esquema de precios acorde a la propuesta de valor es uno de los mayores desafíos iniciales. Existen varios modelos, como tarifas por hora, tarifas fijas por proyecto o tarifas basadas en resultados. Michael Gerber, en *The E-Myth Revisited*, menciona que un modelo de negocio sólido anticipa los ingresos y egresos de modo que sea viable incluso en periodos de baja actividad.
- Estructura de Costos y Presupuesto Básico: Controlar los costos desde el principio es vital para la rentabilidad. En esta fase, el enfoque está en gastos clave como herramientas tecnológicas, marketing inicial y costos administrativos. Crear un presupuesto

anual proyectado permite alinear las finanzas con las metas de crecimiento de la consultora.

4. Políticas y Procedimientos Internos

Las políticas y procedimientos internos son la columna vertebral de una consultora profesional. Desde la comunicación interna hasta la confidencialidad de los datos, estos aspectos reflejan no solo la profesionalidad de la consultora, sino también el valor que se ofrece al cliente.

- Políticas de Comunicación: Crear normas de comunicación, tanto internas como con los clientes, puede mejorar la eficiencia y garantizar que todos los miembros del equipo se mantengan alineados. Esto puede incluir, por ejemplo, un protocolo para la entrega de informes y actualizaciones periódicas.
- Seguridad de Datos y Confidencialidad: Los consultores manejan información sensible de los clientes, por lo que es esencial establecer políticas de privacidad y seguridad desde el inicio. Usar plataformas seguras para la gestión de datos y la comunicación es parte de esta política.

- Procedimientos de Calidad y Evaluación Continua: Un procedimiento de evaluación y control de calidad asegura que el trabajo se mantenga en un nivel alto de excelencia. Esto puede incluir revisiones de proyecto regulares y evaluaciones de desempeño, para mejorar continuamente la oferta de la consultora.

Con tu modelo de negocio establecido, el siguiente paso es planificar estratégicamente tu camino hacia el éxito. En el próximo capítulo, profundizaremos en cómo establecer objetivos claros, desarrollar un plan de acción efectivo y utilizar herramientas estratégicas para mantenerte enfocado y alcanzar tus metas.

CAPÍTULO 3: "PLANIFICACIÓN PARA EL ÉXITO"

3. 1 Establecer Objetivos a Corto, Mediano y Largo Plazo

El establecimiento de objetivos es el cimiento sobre el que se construirá tu consultora. Si bien cada consultora es única, los objetivos son el punto de partida común para todos los emprendedores que desean lograr un negocio sostenible y exitoso. Los objetivos proporcionan dirección, enfoque y motivación. Sin ellos, incluso la mejor idea de negocio puede quedar atrapada en la inercia.

Objetivos a Corto Plazo: Primer Año de Vida de la Consultora

Los objetivos a corto plazo son aquellos que puedes lograr en el primer año de tu consultora, y son cruciales para establecer una base sólida. Este es el período en el que te enfocarás en la construcción de los cimientos de tu empresa.

Durante este primer año, debes concentrarte en las acciones que permitirán que tu consultora sea reconocida y comience a generar ingresos.

Algunos objetivos que podrían formar parte de esta etapa incluyen:

- Establecer la estructura legal de la consultora. Desde la constitución de la empresa hasta la obtención de las licencias necesarias, es crucial que tu negocio esté correctamente legalizado.
- Definir tu propuesta de valor. ¿Qué te diferencia de las demás consultoras? ¿Qué problemas resuelves que otros no resuelven de la misma manera? Este es el momento para definir claramente cómo tu consultora será única en el mercado. Conseguir los primeros clientes. La venta de servicios es el objetivo primario. No se trata de atraer clientes masivos al principio, sino de encontrar a esos primeros clientes dispuestos a confiar en tu consultora.
- Construir tu presencia online y en redes sociales. Hoy en día, tener una presencia sólida en línea es casi obligatorio. Ya sea mediante una página web

profesional o a través de redes sociales, tu consultora debe hacerse visible.

Imagina que decides crear una consultora de recursos humanos especializada en empresas tecnológicas. Tu objetivo a corto plazo podría ser obtener 5 clientes en el primer año, establecer una presencia en LinkedIn y escribir artículos sobre mejores prácticas en la gestión de equipos tecnológicos. Estos primeros logros te ayudarán a consolidar tu marca y aumentar tu credibilidad.

Objetivos a Mediano Plazo: De los 2 a los 3 Años

Los objetivos a mediano plazo son aquellos que comienzas a perseguir después de establecer tu base. Estos objetivos deben estar orientados a la consolidación y expansión de la consultora, así como a la optimización de procesos internos. En esta fase, tu negocio ya debería tener algo de tracción, y deberías estar centrado en crear relaciones sólidas con tus clientes y establecer una base estable de ingresos recurrentes.

Los objetivos típicos a mediano plazo incluyen:

- Ampliación de la cartera de clientes. Ahora es momento de empezar a incrementar la cantidad de clientes, asegurando que no solo obtienes nuevos, sino que también continuar la fidelización a los que ya tienes.
- Diversificación de servicios. A medida que entiendes mejor las necesidades de tus clientes, es posible que surja la oportunidad de diversificar tu oferta de servicios. ¿Qué más pueden necesitar tus clientes que puedas ofrecer?
- Optimización de los procesos internos. Si al principio todo está muy centrado en conseguir clientes, ahora deberías enfocarte en hacer que los procesos sean más eficientes: desde la captación de clientes hasta la entrega de servicios.
- Reforzamiento de la marca. En esta etapa, la marca debe ser reconocida en tu nicho. Se trata de asegurarte de que tu consultora tenga una presencia fuerte y coherente en todos los puntos de contacto con los clientes.

Siguiendo el caso de la consultora de recursos humanos para empresas tecnológicas, tus objetivos a mediano plazo pueden incluir expandir tus servicios a asesoramiento en desarrollo de liderazgo, aumentar la red de clientes a 15, e implementar un sistema de gestión de relaciones con clientes (CRM) para optimizar los procesos.

Objetivos a Largo Plazo: De 5 a 10 Años

Los objetivos a largo plazo son el faro que guiará todas tus decisiones a medida que tu consultora crezca. Estos objetivos están alineados con la visión que tienes para tu negocio. Si bien los objetivos a corto y mediano plazo te permitirán sobrevivir y crecer, los objetivos a largo plazo definirán el impacto y la expansión de tu consultora.

Algunos ejemplos de objetivos a largo plazo son:

- Expansión geográfica o de nicho. Quizás en 5 años desees ampliar tus operaciones a otros mercados o regiones. O tal vez tu consultora ha comenzado a centrarse en un nicho específico y, con el tiempo, deseas abarcar más áreas de ese nicho.
- Posicionamiento como líder de pensamiento. Al cabo de varios años, tu consultora podría posicionarse como una autoridad en su área de especialización. Esto no solo te otorga credibilidad, sino que también te abre

oportunidades para colaborar con otras marcas y organizaciones influyentes.

- Creación de alianzas estratégicas. Tal vez en el futuro desees asociarte con otras consultoras o empresas de mayor tamaño para expandir tu capacidad de ofrecer servicios más amplios o especializados.
- Escalabilidad del negocio. Los objetivos a largo plazo también incluyen la creación de una estructura que te permita crecer sin perder calidad en el servicio. Esto podría incluir la contratación de personal, la creación de equipos de trabajo o la internacionalización de la consultora.

En 10 años, tu consultora de recursos humanos especializada en empresas tecnológicas puede haber expandido su presencia en toda América Latina y estar brindando asesoría a grandes corporaciones tecnológicas, convirtiéndose en un referente en la industria.

"Los objetivos a largo plazo no se logran por accidente. Se alcanzan a través de una planificación estratégica constante." – Brian Tracy

Al establecer objetivos claros y alcanzables, estarás sentando las bases para un negocio sólido, preparado para adaptarse a las circunstancias y capaz de aprovechar las oportunidades que vengan en el futuro.

3.2 Plan de Acción y Establecimiento de Prioridades

Un plan de acción claro es esencial para cualquier emprendedor, ya que no solo ayuda a cumplir los objetivos establecidos, sino que también proporciona un mapa de ruta que guía todas las actividades diarias y a largo plazo. Además, un buen plan de acción incluye una adecuada priorización, lo que permite enfocarse en lo que realmente aportará al crecimiento de la consultora y evitar distracciones que desvíen los esfuerzos.

La Importancia de un Plan de Acción

Un plan de acción es mucho más que una lista de tareas. Es una estrategia detallada que marca el camino para alcanzar tus metas y llevar a cabo las acciones necesarias para conseguirlas. Sin un plan claro, el riesgo de procrastinación o dispersión aumenta, ya que las tareas se convierten en tareas sin dirección.

El filósofo y escritor Peter Drucker destaca que: *"Lo que se mide se mejora."* Esto significa que es fundamental tener claridad no solo en las metas que se desean alcanzar, sino en los pasos concretos y los indicadores que nos permitirán saber si estamos avanzando en la dirección correcta.

Un plan de acción debe ser específico, medible, alcanzable, relevante y con un tiempo determinado (SMART). Esta metodología es ampliamente utilizada porque permite transformar objetivos abstractos en metas tangibles y alcanzables.

Si tu objetivo es conseguir 5 clientes en el primer año de tu consultora, tu plan de acción podría incluir actividades semanales de prospección, la creación de una propuesta de valor para los clientes, y el establecimiento de contactos directos con empresas del sector. Para cada actividad, fijarás fechas de inicio y finalización y seguirás el progreso a lo largo del tiempo.

Desglosando el Plan de Acción en Tareas Específicas

El primer paso para crear un plan de acción efectivo es desglosar los grandes objetivos en tareas específicas y manejables. Esto implica identificar las actividades diarias, semanales y mensuales necesarias para avanzar. Además, cada tarea debe ser asignada con una prioridad que te permita enfocarte en lo que realmente aporta valor en el momento adecuado.

Por ejemplo, si uno de tus objetivos es aumentar el número de visitas a tu página web, las tareas podrían incluir:

- Diseñar una página de aterrizaje optimizada para conversiones.
- Crear contenido valioso y optimizado para SEO.
- Iniciar campañas de publicidad en redes sociales.
- Colaborar con influencers del sector.

A medida que avances, es posible que algunas de estas tareas sean más urgentes que otras, por lo que el orden de prioridad debe estar claro en tu plan.

Establecimiento de Prioridades: La Matriz de Eisenhower

No todas las tareas son igualmente urgentes o importantes. Aquí es donde entra la famosa Matriz de Eisenhower, una herramienta que ayuda a priorizar actividades con base en dos ejes: urgencia e importancia. Según el Presidente Dwight D. Eisenhower, las tareas pueden dividirse en cuatro categorías:

1. Urgente e Importante: Estas son las tareas que deben hacerse de inmediato, como resolver un problema crítico de un cliente.
2. No Urgente pero Importante: Actividades que son clave para el éxito a largo plazo de la consultora, como la planificación estratégica o la creación de contenido.
3. Urgente pero No Importante: Estas son tareas que necesitan atención rápida, pero no contribuyen significativamente a los objetivos a largo plazo, como responder a ciertos correos electrónicos.
4. No Urgente y No Importante: Tareas que no añaden valor real y que deberían delegarse o eliminarse, como pasar horas revisando redes sociales sin propósito.

En el caso de tu consultora, responder una consulta urgente de un cliente podría entrar en la categoría de "Urgente e Importante", mientras que organizar un evento para el año siguiente podría ser "No Urgente pero Importante". Al estar consciente de qué tareas son críticas, puedes tomar decisiones informadas y no perder tiempo en actividades de bajo valor.

Una vez que hayas desglosado el plan de acción y establecido prioridades, es fundamental asignar los recursos adecuados a cada tarea. Los recursos no solo incluyen el dinero o las herramientas, sino también el tiempo y el personal disponible. Cada tarea debe contar con los recursos necesarios para llevarla a cabo, de lo contrario, el plan perderá eficacia.

El tiempo también juega un papel crucial. En tu plan de acción, debes establecer fechas claras para cada tarea y objetivo. Los plazos ayudan a medir el progreso y a mantener un sentido de urgencia para evitar la procrastinación.

Si has decidido lanzar un curso online como parte de tu oferta de servicios, puedes dividir la tarea en varias fases: la creación del contenido, la grabación, la promoción, la venta y la entrega. Cada fase debe tener un plazo específico y recursos asignados, como herramientas de software o equipo de trabajo.

Tenemos que recordar que el plan de acción y la correcta asignación de prioridades son la brújula que guiará a tu consultora. Tener un conjunto claro de actividades y plazos te permitirá avanzar de manera efectiva y evitar caer en la trampa de la procrastinación o de las distracciones innecesarias. Recuerda que, como mencionó el autor Brian Tracy, *"Cada minuto invertido en la planificación ahorra tres minutos en la ejecución."*

A medida que tu consultora crezca, tu capacidad para priorizar correctamente será un factor clave para mantener la productividad y asegurar que cada acción esté alineada con los objetivos a largo plazo. Esto no solo garantizará que tu negocio crezca de manera sostenible, sino que también te permitirá adaptarte y prosperar en un entorno cambiante.

3.3 Plan de Acción y Establecimiento de Prioridades

Para construir una consultora exitosa, comprender el entorno en el que operará y conocer a la competencia es fundamental. Este análisis no sólo proporciona una visión clara de las oportunidades y amenazas del mercado, sino que también ayuda a afinar la propuesta de valor, diferenciarte y anticipar tendencias y cambios en el sector.

El análisis del entorno permite identificar factores externos que pueden impactar directa o indirectamente en el negocio. Esto incluye factores económicos, sociales, tecnológicos, políticos y ambientales que afectan el desarrollo de la consultora. Es vital considerar estas fuerzas porque, como menciona Michael Porter en su modelo de las cinco fuerzas, *"la competitividad depende no solo de los rivales existentes, sino de múltiples elementos del entorno"*.

Imagina que estás creando una consultora en el sector de tecnología de la salud. El entorno incluye la regulación gubernamental sobre datos médicos y privacidad, el avance de la inteligencia artificial y las expectativas de los pacientes sobre la personalización de servicios de salud. Estos factores condicionarán tu oferta y el modo en que comercializas tus servicios.

Para realizar este análisis, se recomienda el uso de la herramienta **PESTEL** (Político, Económico, Social, Tecnológico, Ecológico y Legal), que permite evaluar el entorno en sus distintas dimensiones.

Este análisis es una herramienta estratégica utilizada para evaluar factores externos que pueden influir en un negocio. Al explorar los elementos mencionados anteriormente, se obtiene una visión más completa del entorno en el que opera la consultora, permitiendo anticiparse a posibles oportunidades y amenazas.

1. Político:

Este factor se refiere a las políticas gubernamentales, las regulaciones y la estabilidad política de la región en la que operará la consultora. Las decisiones políticas pueden afectar tanto las operaciones como el crecimiento del negocio, especialmente si la consultora depende de clientes en sectores regulados o subvencionados por el Estado.

Si estás en el sector de salud y el gobierno implementa nuevas regulaciones de privacidad para la información de los pacientes, es necesario que tu consultora tenga el conocimiento y los recursos para adaptarse rápidamente a estas normativas.

2. Económico:

Este factor incluye la situación económica, tasas de interés, inflación, desempleo, y el poder adquisitivo de los consumidores en el mercado objetivo. Una economía fuerte puede significar más oportunidades de negocio, mientras que una economía débil puede requerir ajustes en la estrategia de precios y servicios.

En una recesión económica, los clientes pueden reducir gastos en consultoría. En estos casos, ofrecer planes de pago flexibles o servicios escalables puede hacer que tu consultora sea más atractiva para los clientes en tiempos difíciles.

3. Social:

Este aspecto examina las tendencias demográficas, culturales y sociales que pueden impactar en el mercado objetivo. Las expectativas de los clientes, sus valores y hábitos de consumo pueden definir qué tipo de servicios son más demandados.

Si el mercado está mostrando un interés creciente por la sostenibilidad, podrías ofrecer servicios de consultoría que ayuden a las empresas a implementar prácticas ecológicas en sus operaciones.

4. Tecnológico:

Los avances tecnológicos tienen un gran impacto en el desarrollo de nuevas oportunidades y en la eficiencia de los servicios. Este factor considera el ritmo de innovación, la disponibilidad de nuevas herramientas tecnológicas y cómo pueden integrarse en la consultora para optimizar los procesos o mejorar la oferta.

En un mercado donde la automatización y la inteligencia artificial están en crecimiento, una consultora que adopta tecnologías avanzadas puede ofrecer servicios de análisis de datos y predicción de tendencias, diferenciándose de la competencia.

5. Ecológico:

Este componente se enfoca en cómo las preocupaciones medioambientales, como el cambio climático, la escasez de recursos y las regulaciones ecológicas, afectan el negocio. La sostenibilidad no solo es un valor agregado, sino que se está convirtiendo en una expectativa del mercado.

Para una consultora en sectores industriales, promover prácticas de economía circular o reducción de huella de carbono puede atraer a empresas que buscan mejorar su imagen corporativa en términos de sostenibilidad.

6. Legal:

Este aspecto incluye leyes y regulaciones que afectan la industria de la consultoría, tales como normativas laborales, leyes de protección de datos, derechos de propiedad intelectual, y regulaciones específicas del sector en el que se trabaja. Cumplir con las normativas legales es esencial para evitar sanciones y construir una imagen de profesionalismo.

Si una ley exige que las empresas almacenen datos de clientes de manera segura, una consultora que ofrezca servicios de asesoramiento en seguridad digital y cumplimiento de normativas legales será altamente valorada.

Conocer a la competencia no significa sólo identificar empresas similares en el mismo sector, sino también entender sus fortalezas, debilidades y estrategias. Este conocimiento permite ajustar tu modelo de negocio para destacar en el mercado y cubrir áreas que tu competencia podría estar descuidando.

1. Identificación de Competidores Directos e Indirectos: Los competidores directos son aquellos que ofrecen servicios similares en el mismo mercado. Los competidores indirectos, en cambio, pueden ofrecer alternativas que también solucionan el problema del cliente, aunque de una manera distinta. Identificarlos ayuda a detectar nichos de mercado poco explotados y a evitar confrontaciones en áreas altamente competitivas.

2. Análisis de Fortalezas y Debilidades: Este paso implica observar cómo tus competidores están posicionados y qué valor aportan a sus clientes. Un método útil aquí es el análisis FODA (Fortalezas, Debilidades, Oportunidades y Amenazas), que te permite entender en qué destacas y en qué debes mejorar para competir con éxito.

Si descubres que tus competidores en el área de consultoría en salud se enfocan en la gestión operativa, podrías diferenciarte ofreciendo una especialización en innovación digital o en gestión de datos de salud, lo que podría atraer a un segmento del mercado interesado en estos servicios más específicos.

3. Estrategias de Diferenciación: A partir del análisis de la competencia, es posible definir cómo diferenciarse. La clave es crear una propuesta única y atractiva para el cliente, como lo señala el autor y estratega Jack Welch: *"Si no tienes una ventaja competitiva, no compitas"*. La diferenciación puede basarse en elementos como el precio, la calidad del servicio, la especialización en un nicho o la innovación en el enfoque de consultoría.

Hay diversas herramientas que pueden ayudar en el análisis de la competencia. Algunas de las más efectivas incluyen:

- Benchmarking: Comparar los procesos y prácticas de los competidores para detectar puntos de mejora en tu propia consultora.

- Análisis de redes sociales y sitios web: Investigar cómo se comunican los competidores y cómo interactúan con su audiencia. Esto ofrece pistas sobre los intereses y necesidades del público objetivo.
- Estudios de mercado: Realizar encuestas y entrevistas para comprender cómo perciben los clientes los servicios de la competencia, qué valoran y qué les gustaría mejorar.

El análisis del entorno y de la competencia es útil sólo si sus hallazgos se traducen en acciones concretas que guíen las decisiones estratégicas. Una vez identificado qué elementos pueden ayudarte a destacar, es importante incorporarlos en tu planificación y en la estructura de tu consultora.

Si has detectado que tus competidores carecen de un enfoque en la sustentabilidad y que los clientes valoran este aspecto, podrías decidir implementar prácticas ecológicas en tu consultora. Esto podría incluir una política de cero papel, el uso de plataformas de reunión virtual y una comunicación alineada con valores sostenibles. Esta decisión estratégica, además de diferenciarte, crea una ventaja competitiva alineada con las expectativas de los clientes.

Como menciona el empresario Warren Buffett: *"Intenta ser como un castillo con un foso alrededor, que protege tu posición y tu marca"*. Este "foso" es la ventaja competitiva que se construye a partir de un análisis estratégico del entorno y la competencia.

3.4 Herramientas y Metodologías para la Planificación

Implementar un modelo de negocio sólido para tu consultora requiere un enfoque estratégico, acompañado de herramientas que permitan definir, evaluar y ajustar cada acción para alcanzar los objetivos. A continuación, exploramos en mayor profundidad algunas herramientas clave, que no solo proporcionan estructura, sino que también ofrecen un camino para adaptarse y crecer en un mercado en constante cambio.

1. Análisis FODA (Fortalezas, Oportunidades, Debilidades y Amenazas)

El análisis FODA permite a una consultora hacer una autoevaluación detallada. Al dividir los elementos internos

(Fortalezas y Debilidades) y externos (Oportunidades y Amenazas), el análisis FODA permite a la consultora identificar áreas que requieren acción inmediata o ajustes a largo plazo.

Ejemplo del FODA para una consultora en el sector salud:

- Fortalezas: Experiencia en el sector, conexiones sólidas en la industria, reputación profesional y una oferta de servicios diferenciada.
- Debilidades: Recursos humanos limitados, falta de presencia digital o desconocimiento en nuevas tecnologías.
- Oportunidades: Creciente interés en la consultoría para transformación digital en salud, posibilidad de expansión hacia servicios de asesoría en innovación y uso de IA.
- Amenazas: Competencia de consultoras globales, cambios legislativos en el sector salud, y la necesidad de cumplir estándares de privacidad y seguridad de datos.

Consejo práctico: Realizar un análisis FODA al menos una vez al año ayuda a revisar la dirección estratégica y a asegurarse de que la consultora está alineada con sus objetivos y las condiciones del mercado.

2. Objetivos SMART (Específicos, Medibles, Alcanzables, Relevantes, y Temporales)

Los objetivos SMART proporcionan claridad y estructura a las metas que quieres alcanzar. Al asegurarse de que cada objetivo cumpla con estas cinco características, evitas establecer metas ambiguas o inalcanzables, lo cual facilita una dirección clara en cada etapa de la consultora.

Ejemplo detallado de objetivo SMART:

- *Objetivo:* "Aumentar los clientes en un 30% en el primer año de operaciones mediante la expansión en el sector tecnológico y de salud."
  - Específico: Ampliar la base de clientes específicamente en dos sectores clave.
  - Medible: 30% de aumento en la cantidad de clientes.
  - Alcanzable: Basado en los recursos actuales de la consultora.

- Relevante: Directamente relacionado con el crecimiento de la consultora.
- Temporal: Plazo de un año para evaluar el cumplimiento.

3. OKR (Objectives and Key Results)

OKR es una metodología de fijación de objetivos que permite establecer objetivos ambiciosos y los resultados clave que los demuestran. Cada objetivo debe ser claro y, a menudo, desafiante, mientras que los resultados clave permiten medir el progreso.

Ejemplo en la consultoría:

- Objetivo: Posicionarse como la consultora de referencia en asesoría de salud en una región específica.
- Resultados clave:
    1. Conseguir cinco contratos con hospitales de la región en un plazo de seis meses.
    2. Aumentar el tráfico web en un 50% mediante marketing de contenidos en el sector salud.

3. Obtener al menos dos testimonios en medios especializados sobre el impacto de la consultora en la industria.

A diferencia de los objetivos SMART, los OKR suelen ser de alto nivel y pueden evolucionar en el tiempo. Permiten a la consultora fijar grandes metas estratégicas y, al mismo tiempo, medirse con resultados concretos.

4. Balanced Scorecard (Cuadro de Mando Integral)

El Balanced Scorecard permite evaluar el rendimiento de la consultora desde cuatro perspectivas clave: financiera, clientes, procesos internos, y aprendizaje y crecimiento. Es especialmente útil para consultoras que buscan un enfoque integral para monitorear su desempeño y sus avances en distintas áreas.

Desglose del Balanced Scorecard en una consultora:

- Financiera: Monitorear la rentabilidad por cliente, la facturación mensual, y los costos operativos.
- Clientes: Realizar encuestas de satisfacción, analizar el tiempo promedio de respuesta al cliente, y evaluar la retención de clientes.

- Procesos internos: Optimizar procesos de entrega de proyectos, evaluar tiempos de entrega y gestión de calidad en servicios prestados.
- Aprendizaje y crecimiento: Capacitar a los empleados, fomentar el desarrollo profesional y medir el avance en la implementación de nuevas herramientas tecnológicas.

Esta herramienta proporciona una visión holística del desempeño y permite a la consultora realizar ajustes estratégicos de acuerdo con cada área de su negocio.

5. Diagramas de Gantt

Los diagramas de Gantt son una herramienta de gestión de proyectos que permite a los consultores planificar y visualizar el progreso de cada tarea en relación con el tiempo. A través de este enfoque visual, es fácil ver el tiempo asignado a cada tarea, su duración y sus dependencias con otras actividades.

Implementación práctica en un proyecto de consultoría: Para una consultoría de implementación de software en una clínica de salud, un diagrama de Gantt podría incluir:

- Etapa 1: Recolección de requisitos (duración: 2 semanas).
- Etapa 2: Desarrollo y configuración del software (duración: 4 semanas).
- Etapa 3: Pruebas y ajustes (duración: 3 semanas).
- Etapa 4: Capacitación al personal de la clínica (duración: 2 semanas).
- Etapa 5: Implementación final y soporte inicial (duración: 1 semana).

Este desglose permite una planificación clara, donde cada tarea tiene una duración específica y facilita el monitoreo del proyecto.

Cada herramienta de planificación aporta una estructura y una metodología única, y el verdadero valor está en su aplicación combinada. Por ejemplo, un análisis FODA inicial puede revelar fortalezas que luego se plasman en objetivos SMART, los cuales se pueden monitorear mediante un Balanced Scorecard y visualizar su avance en un diagrama de Gantt. Con este enfoque, la planificación no solo se vuelve más estructurada, sino también más adaptable y precisa para enfrentar los desafíos de la consultoría.

Ejemplo 1: Análisis FODA aplicado

Un consultor que desea especializarse en gestión de proyectos realiza este análisis:

- Fortalezas: Certificación PMP, experiencia internacional.
- Oportunidades: Mayor demanda de metodologías ágiles en startups.
- Debilidades: Poca presencia en redes sociales.
- Amenazas: Competencia de grandes consultoras con más recursos.

Ejemplo 2: Objetivo SMART

Objetivo: *"Incrementar en un 15% el número de clientes del sector educativo para diciembre del próximo año, mediante campañas de marketing digital específicas y networking en eventos del sector."*

Ejercicio práctico:

1. Escribe un análisis FODA personal o de tu consultora.
2. Define un objetivo SMART para alcanzar en los próximos 6 meses.
3. Divide ese objetivo en tres metas intermedias y planea acciones específicas para alcanzarlas.

Ahora que cuentas con una planificación estratégica sólida, es momento de dar a conocer tu consultora al mundo. El próximo capítulo se centrará en cómo posicionarte en el mercado, construir tu presencia online y desarrollar estrategias de marketing que te permitan destacar frente a la competencia.

CAPÍTULO 4: "MARKETING Y POSICIONAMIENTO DE TU CONSULTORA"

4.1 Cómo desarrollar un plan de marketing efectivo

El desarrollo de un plan de marketing efectivo es uno de los pasos más cruciales para el éxito de tu consultora. Sin una estrategia bien definida, tu esfuerzo en visibilidad y posicionamiento podría ser disperso e ineficaz. Un plan de marketing no solo te proporciona una hoja de ruta clara sobre cómo llegar a tus clientes ideales, sino que también te ayuda a establecer objetivos, asignar recursos de manera eficiente y medir el retorno de inversión (ROI) de tus acciones. Es la guía estratégica que orienta todas las actividades de promoción, comunicación y ventas de tu negocio.

El primer paso para desarrollar un plan de marketing efectivo es realizar un análisis exhaustivo de tu situación actual. Esto implica entender tanto tu contexto interno (tus fortalezas, debilidades, recursos, capacidades) como el contexto externo (oportunidades y amenazas en el mercado). Aquí es donde entran en juego herramientas como el análisis FODA (por Fortalezas, Oportunidades, Debilidades y Amenazas), que te permite identificar en qué aspectos tu consultora sobresale y qué áreas necesitan mejora.

Este análisis no debe limitarse a una reflexión interna; también es necesario observar la competencia. ¿Qué están haciendo otras consultoras que ofrezcan servicios similares? ¿Qué estrategias están utilizando? ¿Cuál es su propuesta de valor y cómo se posicionan en el mercado? Entender a la competencia te permitirá identificar vacíos de mercado que tu consultora podría llenar, y te proporcionará ideas sobre qué tácticas podrían ser más efectivas.

Una vez que hayas realizado este análisis, el siguiente paso es establecer los objetivos de marketing. Los objetivos deben ser específicos, medibles, alcanzables, relevantes y temporales, es decir, deben seguir el criterio SMART (Specific, Measurable, Achievable, Relevant, Time-bound). Por ejemplo, en lugar de decir "aumentar la visibilidad", un objetivo SMART sería "incrementar el tráfico web en un 30% en los próximos seis meses". Tener metas claras no solo te ayudará a mantener el enfoque, sino que también servirá como un punto de referencia para medir el progreso de tu plan.

El siguiente componente fundamental en tu plan de marketing es la segmentación de tu audiencia. En lugar de tratar de atraer a cualquier persona que esté interesada en consultoría, es más efectivo centrarse en un nicho específico de mercado. Identificar quiénes son tus clientes ideales, qué problemas tienen, qué les motiva a tomar decisiones y cómo prefieren recibir la información, te permitirá personalizar tu mensaje y tus tácticas de marketing. Para lograrlo, se pueden construir perfiles de cliente ideales o "buyer personas", basados en datos demográficos, comportamientos y necesidades. Cuanto más detallada sea esta segmentación, más eficiente será tu estrategia.

La propuesta de valor es el siguiente pilar de tu plan de marketing. ¿Qué hace a tu consultora única? ¿Por qué los clientes deben elegirte a ti en lugar de a tus competidores? Desarrollar una propuesta de valor clara y convincente es esencial para atraer a tu público objetivo. Una propuesta de valor efectiva debe enfocarse en los beneficios específicos que tu consultora ofrece, los cuales deben estar alineados con las necesidades y deseos de tu audiencia. Por ejemplo, si tu consultora se especializa en la optimización de procesos de salud, tu propuesta de valor podría ser: "Ayudamos a instituciones de salud a reducir sus costos operativos en un 20% en el primer año, mejorando la calidad del servicio mediante procesos más eficientes".

Con tus objetivos y tu propuesta de valor claros, es hora de definir las estrategias y tácticas que implementarás para alcanzar esos objetivos. Este es el momento de decidir qué herramientas de marketing utilizarás: marketing de contenidos, SEO, redes sociales, publicidad pagada, email marketing, entre otras. Dependiendo del tipo de consultora que tengas y el perfil de tus clientes, algunas estrategias serán más efectivas que otras. Por ejemplo, si tu mercado está compuesto por grandes instituciones, el marketing de contenidos a través de artículos especializados, whitepapers o estudios de caso será clave. Si trabajas con pequeñas empresas, las redes sociales y la publicidad pagada podrían ser más efectivas para generar leads rápidos.

El marketing de contenidos debe ser una de las piezas clave de tu estrategia, ya que no solo te permite mostrar tu conocimiento y autoridad, sino que también atrae tráfico orgánico a tu sitio web. Crear contenido relevante, como blogs, webinars, guías y recursos útiles, puede ayudar a resolver los problemas de tu audiencia, generando confianza y fidelidad. Recuerda que no basta con crear contenido por crear; debe ser valioso, relevante y dirigido a las preguntas y necesidades específicas de tu audiencia.

La presencia en redes sociales también juega un papel crucial en tu plan de marketing. Sin embargo, no se trata solo de estar presente en todas las plataformas. Es importante elegir las redes que mejor se adapten a tu nicho de mercado. LinkedIn, por ejemplo, es ideal para consultores B2B que buscan conectar con otras empresas y profesionales, mientras que Instagram o Facebook podrían ser más efectivos si tu consultora se dirige a consumidores o pequeñas empresas.

El siguiente paso en tu plan es establecer el presupuesto. ¿Cuánto estás dispuesto a invertir en marketing? ¿Qué porcentaje de tus ingresos destinarás a este rubro? Es fundamental asignar un presupuesto realista que cubra todas las áreas de tu plan, desde la creación de contenido hasta la publicidad pagada y el software de análisis. También es importante ser flexible, ya que las campañas de marketing a veces requieren ajustes a medida que avanza la implementación.

Una vez que tu plan de marketing está en marcha, la medición de su efectividad es crucial. ¿Cómo sabrás si estás alcanzando tus objetivos? Las herramientas de análisis web y de redes sociales te proporcionarán datos sobre el tráfico, la conversión de leads, la interacción con tu contenido, entre otros. De esta manera, podrás ajustar tus tácticas en tiempo real para optimizar los resultados. Además, las métricas como el retorno sobre la inversión (ROI) son esenciales para determinar si las tácticas que estás utilizando realmente están generando el valor esperado.

Desarrollar un plan de marketing efectivo no es un proceso único o estático; es una estrategia dinámica que debe evolucionar a medida que cambian las circunstancias del mercado, las preferencias de los clientes y las tendencias tecnológicas. Mantente siempre alerta, dispuesto a ajustar tu plan y a probar nuevas tácticas para asegurar el crecimiento y el éxito de tu consultora.

4.2 Estrategias de visibilidad y posicionamiento

En el competitivo mundo de la consultoría, no basta con ofrecer servicios de calidad; es crucial ser visible ante los clientes potenciales y, al mismo tiempo, posicionarse como la opción preferida dentro del sector. Las estrategias de visibilidad y posicionamiento son los pilares que permitirán a tu consultora destacarse en un mercado saturado y construir una marca sólida y confiable. Este proceso no solo implica estar presente en el lugar adecuado, sino también construir una reputación que resuene con las necesidades y expectativas de tu público objetivo.

El primer paso en esta estrategia es identificar y comprender a tu audiencia. Conocer quiénes son tus clientes ideales, qué les preocupa y qué los motiva te permite crear mensajes más precisos y estrategias de visibilidad más efectivas. Es importante preguntarse: ¿quiénes necesitan tus servicios? ¿Qué tipo de problemas buscan resolver? Una vez que tengas claro este perfil, podrás centrarte en los canales y mensajes más adecuados para llegar a ellos.

Las alianzas estratégicas con otros actores clave de tu industria son una forma efectiva de incrementar tu visibilidad. Colaborar con empresas complementarias, formar parte de asociaciones profesionales o ser invitado a eventos de relevancia, te posiciona no solo ante nuevos clientes, sino también como un referente dentro de tu nicho. Estos vínculos también generan una red de contactos que puede generar oportunidades de negocio, aumentando las posibilidades de que te recomienden en círculos más amplios.

En paralelo, la participación activa en tu comunidad profesional a través de conferencias, seminarios y webinars, es una excelente forma de ganar visibilidad y establecer tu autoridad. No se trata únicamente de asistir a estos eventos, sino de ser un orador o panelista, lo que te coloca en una posición privilegiada frente a una audiencia interesada. A través de estas plataformas, puedes compartir tu expertise y las soluciones que ofreces, lo que, a su vez, refuerza tu imagen como un consultor confiable y conocedor.

Una de las herramientas más poderosas para mejorar el posicionamiento es el marketing de contenidos. Al crear contenido valioso y relevante, tu consultora no solo mejora su visibilidad, sino que se posiciona como una autoridad en su campo. Artículos de blog, e-books, infografías, videos y podcasts son medios que pueden ayudarte a conectar con tu audiencia, demostrar tu conocimiento y aumentar el tráfico hacia tu sitio web. Este tipo de contenido también es fundamental para mejorar el posicionamiento en los motores de búsqueda (SEO), ya que permite que tu página sea indexada y que puedas aparecer en las primeras posiciones cuando los clientes potenciales busquen soluciones relacionadas con tus servicios.

El uso de testimonios y casos de éxito también juega un papel fundamental en la construcción de visibilidad y posicionamiento. Mostrar cómo tu consultora ha ayudado a otros clientes a resolver sus problemas, a través de historias auténticas y detalladas, le otorga credibilidad a tu marca. Los testimonios en tu sitio web, junto con estudios de caso en tus redes sociales, ofrecen pruebas tangibles de que tu consultora sabe cómo abordar los desafíos de tus clientes y brindar soluciones eficaces.

El posicionamiento en redes sociales es otro aspecto fundamental. Hoy en día, tener una presencia activa en plataformas como LinkedIn, Twitter o Instagram no es solo una opción, es una necesidad. Pero no se trata solo de publicar contenido de forma regular. Las estrategias de visibilidad requieren también interacción genuina con tu audiencia. Responder preguntas, participar en debates relevantes y compartir contenido que aporte valor a tu comunidad ayuda a construir una imagen de marca auténtica y cercana, lo que refuerza el posicionamiento en el mercado.

El SEO local es otro componente esencial en una estrategia de posicionamiento, especialmente si tu consultora opera a nivel regional. Asegurarte de que tu sitio web esté optimizado para búsquedas locales incrementará tu visibilidad cuando potenciales clientes de tu área busquen servicios como los tuyos. Utilizar herramientas como Google My Business y mantener tus datos actualizados es una forma sencilla de mejorar el posicionamiento en tu comunidad.

Finalmente, las estrategias pagas, como Google Ads o la publicidad en redes sociales, complementan las tácticas orgánicas para incrementar la visibilidad. Las campañas de pago permiten llegar rápidamente a un público segmentado y atraer tráfico cualificado a tu sitio web. Una campaña bien diseñada puede generar un retorno de inversión significativo, sobre todo si se combina con un sólido contenido orgánico.

Las estrategias de visibilidad y posicionamiento no son solo herramientas aisladas, sino un conjunto de tácticas interrelacionadas que permiten construir una imagen fuerte y coherente de tu consultora. A medida que sigas implementando estas estrategias, notarás cómo tu presencia digital se fortalece, tu reputación crece y, lo más importante, las oportunidades de negocio se multiplican.

4.3 Crear tu presencia online: website, redes sociales, y más

En la era digital, la presencia online de una consultora es mucho más que una simple formalidad; es una herramienta clave para construir credibilidad, atraer clientes y reforzar el posicionamiento en un mercado cada vez más competitivo. Este capítulo explora los elementos esenciales para establecer una imagen sólida en el ámbito digital, desde la creación de un sitio web profesional hasta el uso estratégico de las redes sociales y otras plataformas de marketing digital.

Comenzar por desarrollar un sitio web es esencial, ya que representa el núcleo digital de tu consultora. El sitio debe comunicar no solo la propuesta de valor, sino también la calidad y profesionalismo que tus clientes pueden esperar. La estética debe ser atractiva y coherente con la imagen de marca, pero la funcionalidad es aún más importante: los usuarios deben poder navegar fácilmente, encontrar información clave sobre tus servicios, y contactar contigo sin complicaciones. En la sección "Acerca de", es recomendable incluir una breve historia de la consultora, los valores que la guían y lo que la diferencia. Las secciones de "Servicios" y "Casos de Éxito" deben ofrecer descripciones claras y relevantes, mientras que un blog bien administrado permitirá no solo atraer tráfico sino también posicionarse como un experto.

A medida que aumentan los usuarios que acceden a través de dispositivos móviles, es crucial que el sitio esté optimizado para estos dispositivos. Google, que considera la experiencia móvil al clasificar los sitios, sugiere que aquellos optimizados para móvil suelen retener mejor a los usuarios, lo cual mejora su visibilidad en los resultados de búsqueda. En pocas palabras, un sitio web accesible en cualquier dispositivo no es solo una ventaja técnica, sino una inversión en visibilidad y posicionamiento.

Las redes sociales, por otro lado, ofrecen la posibilidad de interactuar y construir una comunidad en torno a tu consultora. Plataformas como LinkedIn son particularmente valiosas en el sector de la consultoría, permitiéndote conectar con colegas, potenciales clientes y líderes de tu industria. Publicar actualizaciones regulares sobre los servicios que ofreces, compartir artículos relevantes y participar activamente en discusiones estratégicas ayuda a fortalecer tu presencia como un referente en el campo. Redes más visuales, como Instagram, permiten dar una imagen más humana y cercana, mientras que Twitter puede ser ideal para compartir noticias y tendencias en tiempo real.

Crear contenido valioso para tu audiencia es otra estrategia importante para construir una conexión más profunda. Publicaciones en blogs, videos educativos, webinars y newsletters no solo te posicionan como experto, sino que te permiten comunicarte directamente con quienes están interesados en tus servicios. Un blog dentro del sitio web, por ejemplo, puede contener artículos de interés que respondan a preguntas comunes y muestren soluciones a problemas del sector, lo que además de atraer a nuevos visitantes fortalece tu posicionamiento en los motores de búsqueda.

Por último, el marketing por correo electrónico sigue siendo una de las formas más efectivas de construir relaciones duraderas. Una newsletter, enviada regularmente a suscriptores interesados, permite mantenerlos informados sobre novedades, artículos, y casos de éxito. La segmentación es clave en este aspecto: al personalizar el contenido, los suscriptores sienten que están recibiendo información relevante para ellos. Las herramientas de automatización, como MailChimp o HubSpot, facilitan este proceso y aseguran que puedas comunicarte de manera continua y eficiente.

Las estrategias de publicidad pagada pueden complementar estos esfuerzos y acelerar la visibilidad de tu consultora. Google Ads, por ejemplo, te permite aparecer en los primeros resultados de búsqueda y llegar a un público específico mediante anuncios en redes sociales como Facebook y LinkedIn. Estas plataformas permiten la segmentación detallada por intereses, ubicación y actividad profesional, maximizando la relevancia del mensaje para tu audiencia. Además, el retargeting —una técnica que muestra anuncios a quienes ya han visitado tu sitio— refuerza la visibilidad ante personas que ya han mostrado interés en tus servicios, aumentando las probabilidades de conversión.

Construir una presencia online efectiva es un proceso que requiere consistencia y planificación, pero las recompensas son significativas: un público amplio, una imagen de marca fortalecida y la capacidad de atraer clientes que buscan exactamente lo que ofreces.

4.4 Técnicas para diferenciarte en un mercado competitivo

Entonces, para recordar un poco lo que venimos aprendiendo, la clave para el éxito de tu consultora radica en la capacidad de diferenciarte. Muchos consultores ofrecen servicios similares, y los clientes potenciales tienen múltiples opciones para elegir. ¿Cómo puedes asegurarte de que tu consultora sea la elegida entre todas las alternativas disponibles? La diferenciación no solo se trata de tener un servicio único, sino de posicionar tu marca de manera que los clientes te perciban como la mejor opción para resolver sus problemas. Aquí te ofrecemos algunas técnicas efectivas que puedes implementar para lograrlo.

1. Encuentra tu nicho de mercado

Una de las formas más efectivas de diferenciarte es especializarte en un nicho de mercado. En lugar de tratar de abarcar una audiencia amplia, enfócate en un segmento específico con necesidades particulares. Por ejemplo, en lugar de ofrecer servicios generales de consultoría empresarial, puedes especializarte en consultoría para pequeñas empresas en la industria de la salud, o en la optimización de procesos para instituciones educativas. Este enfoque te permite posicionarte como un experto en un área específica y ofrecer un valor más profundo a tus clientes. Al centrarte en un nicho, reduces la competencia y te conviertes en la opción preferida para quienes necesitan tu expertise especializado.

2. Construye una propuesta de valor única

La propuesta de valor es uno de los elementos fundamentales para diferenciarte de la competencia. ¿Qué puedes ofrecer que nadie más ofrece? Tu propuesta de valor debe ser clara, concisa y enfocada en los beneficios que tus clientes obtendrán al trabajar contigo. En este sentido, es importante que no solo hables de tus servicios, sino que destaques cómo estos resolverán problemas específicos o mejorarán la situación de tus clientes. Por ejemplo, en lugar de decir "Ofrecemos asesoría financiera", podrías decir "Ayudamos a empresas emergentes a reducir sus costos operativos y aumentar su flujo de caja en seis meses". Esta propuesta no solo destaca lo que haces, sino los beneficios tangibles que los clientes pueden esperar de tu trabajo.

3. Desarrolla una marca personal sólida

Tu marca personal es crucial cuando se trata de diferenciarte en un mercado competitivo. En un mundo donde las relaciones son clave, las personas tienden a confiar más en consultores que son visibles, accesibles y que tienen una marca personal consistente y profesional. Trabaja en construir tu presencia en línea a través de plataformas como LinkedIn, donde puedes compartir tu conocimiento, publicar artículos y participar en conversaciones relevantes. Al construir una marca personal fuerte, no solo demuestras tu experiencia, sino que también creas una conexión más cercana con tus clientes, lo que les genera confianza. Además, las personas prefieren trabajar con aquellos que se perciben como auténticos y comprometidos con su industria.

4. Ofrece un servicio excepcional y personalizado

La diferencia entre un servicio común y uno excepcional a menudo radica en la atención al detalle y la personalización. Mientras que muchas consultoras ofrecen servicios estándar, la clave para destacarte es personalizar tus soluciones según las necesidades particulares de cada cliente. Un enfoque más cercano y adaptado no solo aumenta el valor percibido de tus servicios, sino que también fortalece la relación con el cliente. Esto puede incluir la creación de soluciones a medida, una atención al cliente más cercana o incluso la oferta de paquetes de servicios personalizados según el presupuesto y los objetivos del cliente.

5. Crea contenido de alto valor

El marketing de contenido sigue siendo una de las estrategias más efectivas para diferenciarte de la competencia, especialmente en un entorno digital. La creación de contenido relevante y útil para tu audiencia no solo te posiciona como un líder de pensamiento, sino que también te permite educar a tus clientes potenciales, generando confianza en tu experiencia. Publicar artículos en tu blog, grabar webinars, compartir casos de estudio o realizar tutoriales puede ser una excelente manera de mostrar tu conocimiento y atraer clientes potenciales. Recuerda que el contenido debe ser práctico y aplicable; no se trata solo de generar publicaciones, sino de ofrecer algo valioso que tu audiencia pueda implementar.

6. Aprovecha las alianzas estratégicas

Las alianzas con otras empresas o profesionales pueden ser una forma poderosa de diferenciarte en el mercado. A través de estas colaboraciones, puedes ampliar tu alcance, acceder a nuevos mercados y agregar más valor a tus servicios. Por ejemplo, puedes asociarte con empresas complementarias que no ofrezcan los mismos servicios, pero que puedan aportar un valor adicional a tus clientes, como una firma de contabilidad si eres un consultor de procesos de negocios. Las alianzas estratégicas te permiten ser percibido como un consultor más completo, lo que puede darte una ventaja competitiva importante.

7. Ofrece testimonios y casos de éxito

Nada genera más confianza que los testimonios de clientes satisfechos. Los estudios de caso y los testimonios de clientes actuales o anteriores no solo refuerzan la calidad de tus servicios, sino que también ayudan a demostrar tu impacto en la práctica. Al compartir historias de éxito donde tus clientes han experimentado mejoras tangibles gracias a tu consultoría, muestras evidencia concreta de tu habilidad para generar resultados. Asegúrate de incluir detalles específicos, como los problemas que enfrentaron tus clientes antes de trabajar contigo, las soluciones que implementaste y los beneficios concretos que experimentaron después.

8. La innovación continua

En un mercado competitivo, es fundamental que te mantengas en constante innovación. Las tendencias cambian rápidamente, y los clientes esperan que sus consultores se adapten a estas nuevas realidades. Esto puede incluir la adopción de nuevas tecnologías, la implementación de metodologías innovadoras o la creación de nuevos servicios que aborden los problemas emergentes de los clientes. Al invertir en la mejora continua de tus servicios, no sólo mantendrás tu competitividad, sino que también mejorarás tu reputación como líder del sector. La innovación no significa cambiar radicalmente todo el tiempo, pero sí estar alerta a nuevas oportunidades y mejorar de manera constante.

La clave está en ofrecer algo único, ya sea a través de un nicho especializado, una propuesta de valor clara o una marca personal sólida. Asegúrate de que tu consultora esté siempre innovando, personalizando sus servicios y creando relaciones auténticas con los clientes. Al hacerlo, no solo ganarás la preferencia de tus clientes, sino que también construirás una reputación de excelencia en el mercado.

Ejercicio práctico:

1. Identifica tres canales clave para tu audiencia (ej. redes sociales, correo electrónico, eventos).
2. Planifica una acción específica para cada canal. Ejemplo: Crear un perfil en LinkedIn con publicaciones relevantes o organizar un webinar gratuito.
3. Mide la interacción o participación con tus publicaciones después de un mes.

Con una base de marketing y posicionamiento establecida, el siguiente paso es garantizar que las operaciones de tu consultora funcionen de manera eficiente. En el próximo capítulo, exploraremos cómo gestionar tus recursos, controlar tus finanzas y optimizar la entrega de servicios para ofrecer resultados de alta calidad.

CAPÍTULO 5: "GESTIONAR TU CONSULTORA: OPERACIONES Y FINANZAS"

5.1 Cómo establecer una estructura operativa eficiente

Cuando decides emprender un viaje como consultor, una de las primeras decisiones críticas es cómo organizar tu consultora de manera efectiva. Sin una estructura operativa adecuada, incluso el servicio más excelente puede perderse entre la confusión y los procesos ineficaces. La clave de una estructura operativa eficiente no solo es organizar los recursos y tareas, sino también crear un sistema que sea flexible y capaz de adaptarse al crecimiento.

El primer paso es decidir qué estructura interna tendrá tu consultora. ¿Operarás solo o necesitarás un equipo? Si trabajas con un equipo, ¿cómo dividirás los roles? Dependiendo de tu enfoque de consultoría, tu estructura variará. Algunas consultoras pequeñas se inician como operaciones unipersonales y se expanden gradualmente, mientras que otras pueden tener una estructura más definida desde el principio.

Una estructura común en las consultoras es la jerarquía plana, especialmente al inicio. En este modelo, las líneas de comunicación son más directas, sin demasiados niveles jerárquicos, lo que permite mayor agilidad. En cambio, conforme la empresa crece, puedes optar por una estructura más formal, con directores de áreas específicas como marketing, ventas, operaciones, etc. A medida que tu consultora crezca, podrás añadir roles especializados para gestionar distintas funciones.

Una parte esencial de la estructura operativa es cómo gestionas los proyectos. Al tratarse de un servicio, la calidad de tu trabajo dependerá de la organización de los recursos. Un sistema de gestión de proyectos bien implementado te permitirá llevar un control claro del progreso de cada proyecto, asignar responsabilidades de manera efectiva y garantizar que los tiempos de entrega sean cumplidos.

Una herramienta muy útil para establecer esta estructura es el método Agile. Agile es popular en muchos sectores, especialmente en consultoría, por su flexibilidad y enfoque iterativo. Este método permite que los proyectos se gestionen en ciclos más pequeños (sprints), lo que facilita la adaptación constante a los cambios del cliente o del mercado.

Por ejemplo, si estás trabajando en una consultoría estratégica, podrías dividir tu proyecto en fases: diagnóstico, planificación, implementación, y seguimiento. Cada fase tiene un conjunto de tareas definidas y se asigna a una persona o equipo responsable. Además, puedes usar herramientas como Trello, Asana o Basecamp para organizar estos proyectos de manera visual y clara. La gestión de estos procesos también debe incluir la supervisión continua, tanto de tu parte como de los clientes, para asegurar que todo avance de acuerdo con lo planeado.

Una de las mejores formas de mantener la eficiencia es estandarizar ciertos procesos clave. Por ejemplo, desde la captación de clientes hasta la entrega de tus informes finales, tener plantillas y procedimientos definidos ayuda a reducir errores y a mejorar la consistencia de tu servicio. Estas plantillas no solo ahorran tiempo, sino que también brindan una experiencia profesional y coherente al cliente.

A medida que tu consultora crece, se vuelve indispensable que definas roles y responsabilidades de manera clara. Si trabajas solo, puede que este punto no sea tan relevante de inmediato, pero, a medida que creces, delegar tareas y mantener un flujo de trabajo bien organizado es fundamental. Algunos roles clave que podrías considerar incluir son:

- Consultor principal: Se encarga de la interacción con el cliente, el análisis y la entrega del producto final.
- Asistente administrativo: Gestiona el contacto con clientes, la facturación, la programación de citas y otros aspectos logísticos.
- Marketing y ventas: Una persona o equipo encargado de generar leads y gestionar la estrategia de marketing.

Incluso si solo eres tú al principio, tener un enfoque estructurado en cada área garantizará que puedas gestionar mejor tu tiempo y entregar tus servicios de manera más eficiente.

En cualquier empresa, la comunicación es clave. Si trabajas con un equipo, asegúrate de establecer canales claros para la comunicación interna. Las herramientas como Slack o Microsoft Teams permiten mantener la comunicación fluida entre todos los miembros, lo cual es crucial, especialmente en el contexto remoto o de trabajo híbrido.

Además, fomenta una cultura de colaboración. Un equipo que trabaja bien junto es mucho más eficiente y productivo. El trabajo en equipo dentro de una consultora puede ser el factor diferencial para lograr el éxito, ya que las perspectivas diversas permiten ofrecer soluciones más completas a los clientes.

Finalmente, es fundamental pensar en la escalabilidad de la estructura operativa. Una buena estructura debe ser flexible y estar preparada para adaptarse cuando la consultora crezca. Desde el principio, debes crear procesos que puedan ampliarse con el tiempo, sin perder eficiencia. La automatización de tareas y la implementación de tecnología pueden ayudarte a mejorar la eficiencia a medida que tu volumen de trabajo aumente.

5.2 Cómo establecer un flujo de trabajo eficiente

El flujo de trabajo eficiente es el corazón de cualquier consultora exitosa. A lo largo de tu carrera como consultor, la capacidad para organizar, priorizar y gestionar las tareas de manera efectiva determinará en gran medida el éxito de tus proyectos y tu consultora. Tener un flujo de trabajo claro no solo mejora la productividad, sino que también asegura que se maximicen los recursos, se minimicen los errores y se logren los plazos establecidos.

El flujo de trabajo es el proceso estructurado mediante el cual se lleva a cabo un proyecto o tarea dentro de la consultora. Abarca todo, desde la recepción del cliente hasta la entrega final del producto o servicio. Los componentes clave incluyen las tareas, los recursos y las personas involucradas, así como los sistemas y herramientas que facilitan la ejecución.

El primer paso para establecer un flujo de trabajo eficiente es comprender las fases de tu servicio de consultoría. A continuación, se muestra un ejemplo general de cómo puede estructurarse el flujo de trabajo para una consultora de estrategia empresarial:

1. Recepción del cliente: Aquí es donde se realiza la primera consulta, se definen las necesidades del cliente y se establece un plan de acción inicial.
2. Análisis del problema: Esta fase incluye la recopilación de datos, entrevistas y el análisis profundo del desafío del cliente.
3. Desarrollo de la solución: Aquí se desarrollan las recomendaciones o estrategias que se presentarán al cliente.
4. Implementación: Es la fase de llevar las recomendaciones a la práctica, en colaboración con el cliente.
5. Evaluación y cierre: Se mide el impacto de las soluciones implementadas y se cierra el proyecto, a menudo con una evaluación formal de los resultados.

Cada fase debe estar bien definida, y se deben asignar responsabilidades específicas a cada miembro del equipo, incluso si eres el único consultor. Este enfoque proporciona claridad y estructura para que todas las partes involucradas sepan qué hacer en cada etapa.

En el mundo actual, las herramientas digitales y la automatización son esenciales para mantener un flujo de trabajo eficiente. Si no automatizas tareas repetitivas o procesos administrativos, perderás tiempo valioso que podrías dedicar a actividades de mayor impacto.

Algunas de las tareas que puedes automatizar en una consultora incluyen:

- Facturación y pagos: Plataformas como QuickBooks o FreshBooks permiten generar facturas automáticamente y hacer seguimientos de pagos.
- Gestión de proyectos: Herramientas como Trello, Asana o Monday.com ofrecen funciones automatizadas que te permiten asignar tareas y fechas de entrega sin tener que hacerlo manualmente.
- Correo electrónico: Puedes usar herramientas como Mailchimp para gestionar comunicaciones con clientes y enviar boletines automáticos.

La automatización no solo ahorra tiempo, sino que también reduce la posibilidad de errores humanos y mantiene todo el proceso organizado.

El flujo de trabajo eficiente depende de la correcta asignación de roles y responsabilidades dentro de la consultora. A medida que tu consultora crezca y emplees más personas o colaboradores, se volverá esencial tener una clara división de tareas. Las responsabilidades deben estar bien definidas y alineadas con las habilidades y experiencia de cada miembro del equipo.

Una forma de hacerlo es utilizando diagramas de Gantt o tableros Kanban. Estas herramientas permiten visualizar de manera clara quién es responsable de qué y en qué etapa del proceso se encuentra cada tarea. A medida que el proyecto avanza, los roles pueden ajustarse según la carga de trabajo y los cambios del cliente.

En el caso de que trabajes solo al principio, el flujo de trabajo debe estar igualmente bien estructurado. Considera crear un cronograma semanal o mensual que divida las tareas y entregue claridad en cuanto a lo que debes lograr en cada etapa del proyecto.

Una pieza fundamental del flujo de trabajo eficiente es la comunicación. Un equipo que no se comunica eficazmente puede experimentar retrasos, malentendidos y trabajo duplicado. Incluso si eres un consultor independiente, la comunicación con los clientes debe ser continua y transparente.

Establecer canales claros para la comunicación interna y externa ayudará a asegurar que todos los involucrados estén al tanto de las expectativas y el progreso del proyecto. Herramientas como Slack o Microsoft Teams son útiles para la comunicación interna, mientras que para la comunicación con clientes, plataformas como Zoom, Google Meet o Teams son esenciales para mantener reuniones regulares de seguimiento.

Además, es vital hacer uso de actualizaciones periódicas con los clientes, especialmente si el proyecto es largo. Esto no solo mejora la relación con ellos, sino que permite hacer ajustes a tiempo si algo no va según lo planeado.

Para mantener un flujo de trabajo eficiente, también es importante realizar un seguimiento de la productividad y el rendimiento de todos los involucrados en el proyecto. Establecer métricas claras sobre el avance y el rendimiento de las tareas garantiza que se mantenga el enfoque en los objetivos.

Herramientas como Trello o Basecamp te permiten monitorizar cómo van avanzando las tareas asignadas, mientras que otras plataformas como Harvest o Toggl permiten hacer un seguimiento del tiempo invertido en cada tarea, lo que te ayudará a mantener un control claro de la rentabilidad de tu consultora.

Un flujo de trabajo eficiente no es algo estático. A medida que tu consultora crezca y se enfrente a nuevos desafíos, es importante revisar y mejorar el flujo de trabajo regularmente. Analizar qué procesos están funcionando y cuáles no, te permitirá hacer ajustes que optimicen tu operación y la experiencia de los clientes.

Al final de cada proyecto, es recomendable hacer una evaluación de la eficiencia del flujo de trabajo, buscando oportunidades de mejora. Esta evaluación debe ser honesta y detallada, para que puedas seguir perfeccionando tu metodología y aumentar la eficiencia a largo plazo.

5.3 Gestión financiera: presupuestos, flujo de caja y costos

La gestión financiera es una de las áreas más críticas para el éxito y la sostenibilidad de cualquier consultora. Aunque el enfoque de una consultora está en ofrecer soluciones a los clientes, gestionar correctamente las finanzas es lo que permitirá a largo plazo crecer, mantenerse competitiva y no solo sobrevivir, sino prosperar en el mercado. En este sentido, los presupuestos, el flujo de caja y la gestión de costos son herramientas clave para tomar decisiones informadas, identificar problemas potenciales y garantizar la viabilidad financiera.

El presupuesto es una herramienta fundamental que permite a las consultoras planificar sus ingresos y gastos de forma anticipada. Es esencial para establecer metas claras y evaluar el desempeño financiero de la consultora en relación con los objetivos planteados.

1. Elaboración del presupuesto inicial
   Para crear un presupuesto efectivo, es necesario primero identificar todas las fuentes de ingresos y todos los posibles gastos. Los ingresos generalmente

provienen de los servicios ofrecidos a los clientes, mientras que los gastos incluyen costos operativos, honorarios de consultores, marketing, alquiler de oficina, software, entre otros. Este presupuesto inicial debería cubrir al menos un periodo de 12 meses, con una revisión trimestral para ajustarse a las posibles variaciones.

2. Categorías de presupuesto

   El presupuesto debe desglosarse en categorías clave, como:

   - Ingresos: Estimación de ventas proyectadas por cliente o proyecto.
   - Gastos operativos: Sueldos, alquiler, suministros, marketing, tecnología.
   - Gastos variables: Servicios externos, consultores temporales, materiales o tecnología adicional.
   - Inversiones: Desarrollos futuros, capacitación, adquisición de nuevas herramientas.

3. Un presupuesto bien estructurado permitirá detectar rápidamente áreas que requieren ajuste, y a su vez permitirá optimizar los recursos disponibles.

4. Herramientas para gestionar presupuestos

   Para gestionar de manera eficiente el presupuesto, se recomienda el uso de herramientas digitales de contabilidad y gestión financiera como QuickBooks, Xero, Wave o Zoho Books. Estas herramientas permiten llevar un seguimiento automatizado de los ingresos y gastos, generando informes que facilitan la toma de decisiones financieras.

El flujo de caja se refiere al movimiento de dinero dentro y fuera de la consultora. Es el indicador principal de la liquidez, es decir, de la capacidad de la empresa para cumplir con sus obligaciones financieras a corto plazo. Un flujo de caja positivo significa que la empresa tiene suficiente dinero disponible para cubrir sus operaciones, mientras que un flujo negativo indica que la empresa está gastando más de lo que ingresa, lo que puede poner en peligro su continuidad.

1. Importancia del flujo de caja

   A diferencia de los estados financieros anuales, el flujo de caja refleja la situación financiera de la consultora de manera más inmediata, lo que lo convierte en una herramienta clave para mantener el negocio saludable. El flujo de caja incluye:

- Entradas de dinero: Ingresos por la prestación de servicios.
- Salidas de dinero: Costos operativos, pagos a proveedores, sueldos, impuestos, etc.

2. Un control riguroso del flujo de caja permite detectar problemas antes de que se conviertan en crisis. Las consultoras deben tener siempre un colchón financiero que les permita operar sin problemas durante los meses con menos ingresos o proyectos.

3. Proyección del flujo de caja
Una proyección de flujo de caja te permitirá planificar de manera anticipada cómo se espera que evolucione el dinero en tu empresa. Es importante proyectarlo a corto, mediano y largo plazo, para anticipar cualquier desequilibrio entre ingresos y egresos. Si los ingresos por proyectos en los próximos meses no alcanzan para cubrir los gastos operativos, el presupuesto de flujo de caja debe indicar cómo se gestionará esa brecha, ya sea a través de préstamos, ahorros previos o reducción de costos.

4. Herramientas para controlar el flujo de caja
Existen diversas aplicaciones y software que permiten gestionar el flujo de caja de manera eficiente.

Plataformas como Trello, Excel (con plantillas personalizadas) y QuickBooks ayudan a los emprendedores a tener una visión clara y controlada de sus movimientos financieros.

El control de costos es otra pieza fundamental para mantener la rentabilidad de la consultora. En el sector de la consultoría, los costos no siempre son fáciles de identificar debido a la naturaleza intangible de los servicios. Sin embargo, entender qué costos son fijos, variables o inesperados es esencial para tener una visión clara de la salud financiera.

1. Costos fijos y variables
   - Costos fijos: Son aquellos que no cambian independientemente del volumen de negocio, como el alquiler de la oficina, el salario de los empleados permanentes, o las suscripciones a herramientas tecnológicas.
   - Costos variables: Están relacionados directamente con la cantidad de trabajo realizado o los proyectos en curso. Por ejemplo, los gastos asociados a materiales

para un proyecto específico, consultores externos o costos de viajes.

2. Es importante hacer una distinción clara entre ambos para poder identificar qué áreas puedes optimizar si es necesario. Mientras que los costos fijos son difíciles de cambiar a corto plazo, los costos variables pueden ajustarse dependiendo de la carga de trabajo.

3. Identificación y reducción de costos innecesarios
Un aspecto esencial en la gestión de costos es la identificación de aquellos gastos que no son esenciales para la operación de la consultora. Esto puede incluir servicios adicionales no utilizados, suscripciones a herramientas que no aportan valor, o gastos operativos innecesarios. Una revisión periódica de estos gastos permitirá eliminar costos innecesarios y mejorar la rentabilidad.

4. Herramientas para el control de costos
Para realizar un seguimiento efectivo de los costos, puedes usar herramientas como Mint o Expensify, que permiten monitorear los gastos de manera automatizada, y así mantener el control sobre los flujos financieros. Además, tener una buena contabilidad

interna es fundamental para gestionar correctamente todos los gastos.

La gestión financiera en una consultora no es una tarea que deba tomarse a la ligera. Es el aspecto que puede determinar el éxito o el fracaso de tu negocio. Los presupuestos, el flujo de caja y el control de los costos son herramientas imprescindibles que permitirán a tu consultora mantenerse estable, gestionar su crecimiento de manera saludable y anticipar cualquier eventualidad económica. Recordemos que no se trata solo de ganar dinero, sino de gestionarlo de manera eficiente para poder invertir en el futuro y expandir la consultora de forma sostenible.

5.4 Cómo fijar precios y estrategias de cobro

Uno de los aspectos más desafiantes y fundamentales para la sostenibilidad de una consultora es la fijación de precios de sus servicios. Establecer precios adecuados no solo es crucial para asegurar la rentabilidad, sino que también influye en la percepción del valor por parte de los clientes, en la competitividad en el mercado y en la estabilidad financiera a largo plazo.

La estrategia de precios debe ser cuidadosamente pensada, ya que un precio demasiado bajo podría devaluar la oferta de la consultora y afectar la rentabilidad, mientras que un precio demasiado alto podría alejar a los clientes potenciales. Por tanto, fijar precios y establecer las condiciones de cobro adecuadas es una tarea estratégica que requiere análisis y previsión.

Para fijar precios adecuados para los servicios de tu consultora, es importante considerar diversos factores. Existen diferentes estrategias de fijación de precios que pueden ajustarse mejor a tu tipo de servicio y mercado.

1. Precio basado en el valor:
   Esta es probablemente la estrategia más común y efectiva para las consultoras. En lugar de basarse únicamente en los costos de producción, esta estrategia establece precios en función del valor percibido que el cliente obtiene de los servicios prestados. Para ello, es necesario entender bien las necesidades y expectativas del cliente, así como los resultados que se generarán con tu consultoría. *Ejemplo práctico*: Si tu consultora se especializa en optimizar la gestión de recursos humanos para

empresas, y como resultado de tu intervención las empresas logran reducir el tiempo de rotación de personal y aumentar la productividad, el valor percibido por los clientes será mucho más alto que el costo directo de tu servicio. Esto justifica una tarifa más alta.

2. Precio por hora o por proyecto:

La opción de fijar precios por hora es muy común en el sector de la consultoría. Es ideal para proyectos con una duración indefinida o donde el alcance de trabajo puede variar. De esta forma, el cliente paga por el tiempo real invertido en el proyecto.

Por otro lado, fijar precios por proyecto es más adecuado cuando los entregables son claros y se puede calcular una estimación precisa del tiempo y esfuerzo necesario. Esto puede ser atractivo para los clientes, ya que tienen la seguridad de un costo fijo desde el principio.

Ejemplo práctico: Para una consultoría en gestión de proyectos, podrías optar por fijar una tarifa por hora si el cliente te solicita asistencia continua o por un proyecto si se trata de una implementación de un sistema de gestión en una organización.

3. Precio de penetración:

   En mercados altamente competitivos, las consultoras pueden optar por una estrategia de precios de penetración. Esto implica fijar precios bajos para atraer a nuevos clientes y ganar cuota de mercado. Una vez que se ha establecido una relación de confianza y el cliente reconoce el valor de tus servicios, los precios pueden ajustarse a niveles más altos.

   Es importante que esta estrategia sea utilizada con cautela, ya que el riesgo es que los clientes asocien tu consultora con precios bajos, lo que puede dificultar el ajuste de precios en el futuro.

4. Precio premium:

   Si tu consultora ofrece un servicio de alta especialización o valor exclusivo, puedes optar por una estrategia de precios premium. Esto implica fijar tarifas más altas debido al nivel de experiencia, la calidad del servicio, o los resultados sobresalientes que tu consultora ofrece. Este enfoque debe ir acompañado de una excelente oferta de valor para que el cliente considere que el precio justifica la calidad y los resultados.

   Ejemplo práctico: Una consultora especializada en la

implementación de tecnologías disruptivas, como inteligencia artificial o big data, puede fijar precios premium debido a la especialización y el impacto que tiene en los resultados de las empresas.

Una vez que hayas establecido el precio adecuado para tu consultora, el siguiente paso es definir una estrategia de cobro que sea clara, flexible y adaptada a las necesidades de tus clientes y de tu consultora. Existen diferentes métodos que puedes implementar dependiendo de la naturaleza de tu servicio y la relación con el cliente.

1. Cobro por adelantado:
    El cobro por adelantado es una estrategia comúnmente utilizada por consultoras para protegerse contra el riesgo de impagos. Exige al cliente el pago total o parcial antes de comenzar a trabajar en el proyecto. Esta estrategia no solo mejora la liquidez de la consultora, sino que también establece un compromiso firme por parte del cliente.
    Es importante ser transparente sobre el motivo del cobro por adelantado y acordar claramente el alcance de los servicios en el contrato. Puedes ofrecer un

pequeño descuento si el cliente paga por adelantado, lo que puede incentivar una relación más sólida.

2. Pago por hitos:

Este modelo de cobro es ideal para proyectos largos y complejos. Los pagos se dividen en diferentes fases o hitos, dependiendo de la finalización de ciertas tareas o entregables. A medida que se van completando las etapas del proyecto, se efectúan pagos parciales. Este enfoque es beneficioso tanto para la consultora como para el cliente, ya que permite una evaluación continua del progreso.

Ejemplo práctico: Si estás implementando una nueva estrategia de marketing digital para un cliente, podrías acordar recibir un pago al inicio, otro al finalizar el diagnóstico de situación, otro cuando se diseñe la estrategia, y un último pago cuando se entregue el informe final con los resultados de la campaña.

3. Cobro recurrente o suscripción:

Las consultoras que ofrecen servicios continuos o mantenimiento pueden optar por una estrategia de cobro recurrente. Esto implica establecer un pago mensual o anual por servicios continuos, como consultoría estratégica o soporte. Este modelo es ideal para generar ingresos constantes y predecibles a lo largo del tiempo.

Ejemplo práctico: Una consultora en gestión de TI puede ofrecer soporte continuo bajo un plan de suscripción mensual, cubriendo actualizaciones y mantenimiento continuo de los sistemas del cliente.

4. Comisión sobre resultados:

   Algunas consultoras, especialmente en áreas como ventas, marketing o reducción de costos, optan por cobrar una comisión basada en los resultados obtenidos. Esta estrategia crea una fuerte alineación entre los intereses de la consultora y los del cliente, ya que la consultora solo recibe el pago si logra generar resultados tangibles.

   Ejemplo práctico: Una consultora en ventas podría cobrar un porcentaje sobre el incremento de las ventas logrado a través de la implementación de su estrategia.

Fijar precios y definir una estrategia de cobro adecuada para tu consultora no es una tarea sencilla. Es fundamental que comprendas bien el valor de tu servicio, tu mercado objetivo y las expectativas de tus clientes. La combinación adecuada de una estrategia de precios efectiva y un sistema de cobro flexible garantizará no solo que tu consultora sea rentable, sino que también mantendrá la satisfacción y confianza de tus clientes.

Recuerda que las estrategias de fijación de precios y cobro no son estáticas, sino que deben ajustarse conforme evoluciona el mercado, la oferta de servicios y la relación con los clientes. La clave es estar siempre atento a los cambios y ser flexible para adaptarse a nuevas circunstancias.

5.5 Cómo gestionar tu equipo

A medida que tu consultora crece, uno de los mayores desafíos será gestionar a tu equipo de manera eficiente. El éxito de una consultora no solo depende de la calidad de sus servicios, sino también de la capacidad para coordinar y dirigir a las personas que forman parte de la organización. La gestión efectiva de tu equipo puede marcar la diferencia entre un negocio en constante crecimiento y uno que enfrenta dificultades operativas.

Un buen líder debe ser capaz de delegar tareas, motivar a su equipo, manejar conflictos, y fomentar un ambiente de trabajo colaborativo. Además, debe asegurarse de que los objetivos de la consultora estén alineados con las metas del equipo, promoviendo la eficiencia, la productividad y la innovación.

1. Contratación y selección de talento adecuado:

El primer paso para gestionar un equipo exitoso es asegurarte de que tienes las personas adecuadas en tu consultora. La selección del talento es fundamental, ya que un equipo bien formado y con habilidades complementarias puede ser la clave para lograr los objetivos empresariales. Contratar a las personas correctas desde el principio te permitirá evitar problemas operativos en el futuro.

Es importante identificar las competencias y habilidades que tu consultora necesita para operar eficazmente. Esto incluye tanto habilidades técnicas, como conocimiento en la materia que tu consultora maneja, como habilidades blandas, como liderazgo, comunicación y trabajo en equipo. Además, es crucial que los valores y la cultura de la consultora estén alineados con los de las personas que integran el equipo.

Ejemplo práctico: Si tu consultora se especializa en consultoría estratégica para empresas del sector tecnológico, necesitarás un equipo con habilidades específicas en tecnología, así como en análisis de datos y gestión de proyectos. No olvides que la capacidad de adaptarse a cambios y trabajar en equipo será igual de importante.

2. Delegación efectiva:

Una vez que tienes un equipo capacitado y motivado, es esencial que aprendas a delegar de manera efectiva. Como líder de tu consultora, es imposible que puedas encargarte de todos los aspectos del negocio. La delegación no solo te permitirá concentrarte en tareas estratégicas, sino que también empoderará a tu equipo y promoverá un ambiente de trabajo colaborativo.

La delegación efectiva implica confiar en las habilidades de tu equipo y asignarles tareas de acuerdo con sus fortalezas. Debes ser claro con las expectativas, plazos y resultados deseados, pero también debes permitir que los miembros de tu equipo tengan la autonomía necesaria para tomar decisiones y encontrar soluciones por sí mismos.

Ejemplo práctico: Si tienes un miembro de tu equipo que es un experto en marketing digital, delegar en él o ella la responsabilidad de crear y gestionar las campañas de publicidad digital es una excelente manera de aprovechar sus fortalezas, mientras te liberas para enfocarte en la estrategia general de la consultora.

3. Comunicación efectiva

Una comunicación clara y constante es esencial para cualquier equipo exitoso. La falta de comunicación puede generar malentendidos, errores y frustración entre los miembros del equipo. Como líder, tu tarea es asegurarte de que todos estén alineados en cuanto a objetivos, prioridades y expectativas.

La comunicación no solo se refiere a transmitir información, sino también a escuchar a tu equipo. Es importante ser accesible, mantener un diálogo abierto y crear un espacio donde las personas puedan expresar sus ideas, dudas y preocupaciones. Una buena comunicación también involucra mantener informados a los miembros del equipo sobre el progreso de los proyectos y los logros de la consultora.

Ejemplo práctico: Utilizar herramientas de comunicación como Slack o Microsoft Teams puede facilitar la interacción diaria y mantener a todos los miembros del equipo conectados, especialmente si trabajas con un equipo remoto o distribuido.

Además, las reuniones periódicas (como las reuniones semanales de seguimiento) pueden ser un buen espacio para discutir avances y ajustes en los proyectos.

4. Motivación y reconocimiento

Un equipo motivado es mucho más productivo y comprometido con el éxito de la consultora. Como líder, es tu responsabilidad asegurarte de que los miembros de tu equipo se sientan valorados y reconocidos por su trabajo. La motivación puede provenir de diversas fuentes, como el reconocimiento del esfuerzo, las oportunidades de desarrollo profesional, y la creación de un entorno de trabajo que promueva el bienestar.

El reconocimiento puede tomar muchas formas, desde agradecimientos personales hasta recompensas tangibles, como bonificaciones o incentivos por objetivos alcanzados. Es importante reconocer los logros tanto individuales como colectivos para fomentar un espíritu de colaboración y compromiso.

Ejemplo práctico: Si un miembro de tu equipo ha logrado un éxito significativo en un proyecto, un simple agradecimiento público en una reunión de equipo o un mensaje de reconocimiento por su contribución puede aumentar la moral y motivación. Además, ofrecer oportunidades de formación y crecimiento profesional demuestra que inviertes en su futuro dentro de la consultora.

5. Manejo de conflictos

En cualquier equipo de trabajo, es inevitable que surjan conflictos. Ya sea debido a diferencias de opiniones, malentendidos o competencias, el manejo adecuado de los conflictos es crucial para mantener la armonía dentro del equipo y asegurar que los problemas no interfieran en el desempeño general de la consultora.

Es importante abordar los conflictos de manera proactiva y resolverlos de forma constructiva. La clave está en ser un mediador imparcial, escuchar a todas las partes involucradas y buscar soluciones que sean satisfactorias para todos. Ignorar los conflictos puede generar tensiones que afecten el ambiente laboral y la productividad.

Ejemplo práctico: Si dos miembros de tu equipo tienen desacuerdos sobre la dirección de un proyecto, actúa rápidamente para organizar una reunión en la que ambos puedan expresar sus puntos de vista. A partir de ahí, enfócate en encontrar una solución que beneficie al proyecto y mantenga la cohesión dentro del equipo.

6. Fomento del desarrollo personal y profesional

Un equipo comprometido con el crecimiento personal y profesional es un equipo que contribuye al crecimiento de la consultora. Debes asegurarte de ofrecer oportunidades para que los miembros de tu equipo adquieran nuevas habilidades, amplíen su conocimiento y avancen en su carrera profesional.

El desarrollo puede incluir la participación en cursos, conferencias, programas de mentoría, o la asignación de proyectos desafiantes que les permitan mejorar sus capacidades. Además, proporcionar retroalimentación continua es esencial para el desarrollo personal, ayudando a cada miembro a identificar sus áreas de mejora y establecer metas para su progreso.

Ejemplo práctico: Si un miembro de tu equipo muestra interés en mejorar sus habilidades de liderazgo, puedes ofrecerle la oportunidad de dirigir un proyecto pequeño o asignarle un mentor que lo guíe en su desarrollo.

7. Evaluación del desempeño

Finalmente, evaluar el desempeño de tu equipo es clave para asegurarte de que estás logrando los objetivos establecidos. Las evaluaciones regulares ayudan a identificar las fortalezas y debilidades de cada miembro, lo que te permite ajustar tu estrategia de gestión y mejorar continuamente.

Las evaluaciones deben ser constructivas y orientadas al desarrollo, y no solo al desempeño pasado. Es importante reconocer logros, pero también discutir áreas de mejora de forma objetiva y sin crear un ambiente negativo.

Ejemplo práctico: Las revisiones de desempeño pueden ser tanto formales (como una evaluación anual) como informales (como reuniones mensuales de feedback). Lo importante es que sean frecuentes y que permitan un diálogo abierto sobre el crecimiento de cada miembro del equipo.

5.6 Herramientas tecnológicas para la gestión de proyectos y operaciones

En el mundo actual, la tecnología juega un papel crucial en la eficiencia y efectividad de cualquier consultora. Las herramientas digitales no solo permiten gestionar proyectos, sino también optimizar la comunicación, mejorar la colaboración y facilitar el seguimiento de tareas y plazos. Usar las herramientas adecuadas puede ahorrar tiempo, reducir errores y mejorar la productividad de tu equipo.

En esta sección, exploraremos diversas herramientas tecnológicas que pueden ser de gran ayuda en la gestión de proyectos y operaciones de tu consultora. Estas herramientas están diseñadas para simplificar los procesos, aumentar la transparencia y facilitar la toma de decisiones informadas.

1. Herramientas de gestión de proyectos

Las herramientas de gestión de proyectos son esenciales para organizar y coordinar las tareas y responsabilidades dentro de tu equipo. Estas plataformas permiten dividir proyectos grandes en tareas más pequeñas, asignarlas a miembros específicos del equipo y hacer un seguimiento del progreso en tiempo real. La mayoría de estas herramientas también ofrecen funciones como la creación de cronogramas, gestión de plazos y la posibilidad de generar informes de avance.

Algunas de las herramientas más populares en el mercado incluyen:

- Trello: Es una herramienta visualmente atractiva basada en tableros y tarjetas. Es ideal para organizar proyectos y asignar tareas de manera sencilla y eficaz. Los miembros del equipo pueden ver en qué está trabajando cada uno, qué tareas se han completado y qué aún están pendientes.
- Asana: Es una plataforma completa para gestionar proyectos, tareas y equipos. Asana permite crear proyectos, establecer fechas límite y asignar tareas, así como seguir el progreso mediante cronogramas y reportes.
- Monday.com: Una plataforma visual y personalizable que ofrece tableros de proyectos, gestión de tareas, colaboración en equipo y análisis de progreso. Es una excelente opción para equipos que necesitan una herramienta flexible y fácil de usar.

Ejemplo práctico: Supongamos que tu consultora está trabajando en la implementación de una estrategia de marketing para un cliente. Utilizando Asana, puedes dividir las tareas en subtareas específicas (creación de contenido, análisis de mercado, etc.), asignarlas a diferentes miembros del equipo y establecer fechas límite. Los miembros pueden actualizar su progreso, lo que permite un seguimiento transparente de las tareas.

2. Herramientas de colaboración y comunicación

La comunicación es uno de los pilares para un equipo eficiente, y la tecnología ha hecho que la comunicación fluya más fácilmente, incluso cuando los equipos están distribuidos geográficamente. Las herramientas de colaboración permiten mantener la información centralizada, facilitar la comunicación en tiempo real y colaborar en documentos de forma conjunta.

Algunas herramientas recomendadas incluyen:

- Slack: Una de las herramientas de mensajería más populares para equipos. Slack permite organizar conversaciones por canales (por ejemplo, un canal para cada proyecto) y enviar mensajes directos. Además, se integra con muchas otras aplicaciones (como Google Drive o Asana), lo que facilita la colaboración.
- Microsoft Teams: Similar a Slack, pero con mayor integración con las herramientas de Microsoft. Teams permite realizar videollamadas, compartir archivos y organizar conversaciones por temas y proyectos.

- Google Workspace: Con herramientas como Google Docs, Sheets y Drive, Google Workspace facilita la colaboración en tiempo real en documentos, hojas de cálculo y presentaciones. Todos los miembros del equipo pueden editar y comentar en los archivos simultáneamente.

Ejemplo práctico: Si estás trabajando en un informe estratégico con tu equipo, puedes utilizar Google Docs para que todos los miembros del equipo puedan trabajar en el mismo documento al mismo tiempo, haciendo comentarios y sugerencias en tiempo real.

3. Herramientas de gestión de tiempo

La gestión del tiempo es esencial para cualquier consultora, ya que los plazos son fundamentales en la entrega de proyectos y servicios. Las herramientas de gestión de tiempo permiten asignar tareas de manera eficiente, medir el tiempo invertido en cada actividad y asegurarse de que los plazos se cumplan.

Algunas de las herramientas más útiles son:

- Toggl: Una herramienta de seguimiento del tiempo fácil de usar. Permite a los miembros del equipo registrar las horas trabajadas en diferentes proyectos y tareas, lo que facilita la facturación y el análisis de la eficiencia.
- Clockify: Similar a Toggl, Clockify es una herramienta gratuita para el seguimiento del tiempo. Puedes crear proyectos y asignar tiempo a tareas específicas, lo que te permitirá saber cuánto tiempo se invierte en cada aspecto de tu consultora.

Ejemplo práctico: Si tu equipo está trabajando en múltiples proyectos simultáneamente, puedes usar Toggl para hacer un seguimiento del tiempo que cada miembro dedica a cada tarea. Esto no solo te ayudará a gestionar los plazos, sino también a identificar áreas en las que tu equipo podría mejorar en cuanto a la eficiencia.

4. Herramientas de facturación y gestión financiera

La gestión financiera es uno de los aspectos más importantes en la operación de una consultora. Tener un buen control sobre las facturas, los cobros, los pagos y el flujo de caja es esencial para mantener la salud financiera del negocio. Las herramientas tecnológicas para la gestión financiera ayudan a simplificar estos procesos.

Algunas de las herramientas más utilizadas en la gestión financiera incluyen:

- QuickBooks: Un software de contabilidad que facilita la gestión de facturas, pagos y reportes financieros. QuickBooks es una herramienta integral que también ofrece opciones de seguimiento de impuestos y presupuestos.
- Xero: Similar a QuickBooks, Xero es una plataforma de contabilidad en línea que permite gestionar facturas, pagos, conciliaciones bancarias y presupuestos. Su interfaz es fácil de usar y es adecuada para empresas de todos los tamaños.

Ejemplo práctico: Imagina que tu consultora ha terminado un proyecto con un cliente y necesita enviar una factura. Utilizando QuickBooks, puedes generar la factura de manera rápida, enviarla al cliente y hacer un seguimiento del pago en tiempo real.

5. Herramientas de análisis de datos

Para tomar decisiones informadas, es importante contar con herramientas que permitan analizar los datos del negocio. Estas herramientas proporcionan información sobre el rendimiento de la consultora, el éxito de las campañas, las áreas que necesitan mejora, entre otros aspectos clave.

Algunas de las mejores herramientas de análisis de datos incluyen:

- Google Analytics: Una de las herramientas más populares para analizar el tráfico web. Google Analytics ofrece informes detallados sobre el comportamiento de los usuarios en tu sitio web, lo que te permite entender mejor las necesidades de tus clientes y ajustar tus estrategias de marketing.
- Tableau: Una plataforma de visualización de datos que permite crear gráficos y dashboards interactivos para analizar grandes volúmenes de datos. Es ideal para tomar decisiones basadas en datos en tiempo real.

Ejemplo práctico: Si estás ejecutando una campaña de marketing digital, Google Analytics te proporcionará datos sobre el rendimiento del sitio web, como las páginas más visitadas, la duración de las visitas y la tasa de conversión, lo que te ayudará a evaluar si la campaña está siendo efectiva o si necesitas hacer ajustes.

Las herramientas tecnológicas son fundamentales para gestionar proyectos y operaciones en una consultora. Desde la gestión de tareas hasta el análisis de datos, estas herramientas te permiten ser más eficiente, mejorar la colaboración de tu equipo y tomar decisiones informadas. Integrar las herramientas adecuadas en tu consultora no solo facilita la administración diaria, sino que también puede ayudar a impulsar el crecimiento y la escalabilidad del negocio.

Una vez que tienes tus operaciones en marcha, el enfoque natural es captar tu primer cliente. Este es un momento crucial para cualquier consultor. En el próximo capítulo, te enseñaremos estrategias para atraer clientes, crear propuestas de valor irresistibles y establecer relaciones que generen confianza y fidelidad.

CAPÍTULO 6: "CÓMO CONSEGUIR TU PRIMER CLIENTE?"

6.1 Estrategias para atraer clientes

Conseguir a los primeros clientes es uno de los desafíos más emocionantes y críticos para cualquier consultor que esté comenzando. Sin embargo, atraer clientes potenciales requiere una combinación de estrategias bien pensadas y un conocimiento profundo del perfil de cliente que quieres alcanzar. No se trata de captar a cualquier cliente, sino de atraer a aquellos que realmente se beneficiarán de tus servicios y con quienes puedas construir relaciones duraderas.

Antes de diseñar cualquier estrategia de captación, es esencial definir a tu cliente ideal. La claridad sobre el tipo de cliente que deseas atraer no solo hará más efectivos tus esfuerzos de marketing, sino que también asegurará que puedas ofrecer un servicio de alta calidad y valor agregado.

Para identificar a tu cliente ideal, analiza y define aspectos clave como:

- Industria y sector: ¿En qué sectores deseas posicionarte como experto? ¿Te gustaría trabajar con pequeñas y medianas empresas, grandes corporaciones, o emprendedores individuales?
- Problemas específicos: Reflexiona sobre los problemas comunes que enfrentan tus clientes ideales y en los que tu consultora puede hacer una diferencia significativa. Esto te ayudará a desarrollar propuestas de valor que realmente resuelvan las necesidades del cliente.
- Perfil de cliente: Además de la industria y los problemas, define los valores y la cultura de los clientes con los que te gustaría trabajar. Los clientes ideales son aquellos cuyas metas, valores y forma de trabajar son compatibles con tu consultora.

Ejemplo práctico: Imagina que tu consultora se especializa en optimización de recursos humanos. Tu cliente ideal podría ser una empresa de tamaño mediano en crecimiento que enfrenta desafíos en la retención de talento y la mejora del clima organizacional. Definir este perfil te permitirá adaptar tu mensaje y atraer a clientes con esos problemas específicos.

Una vez que tengas claridad sobre tu cliente ideal, el siguiente paso es elegir los canales más efectivos para captar su atención. A continuación, se presentan algunos canales de captación que pueden ayudarte a llegar a tus primeros clientes.

El marketing digital es una herramienta poderosa para atraer clientes potenciales de manera amplia y precisa. A través de contenido relevante y dirigido, puedes captar la atención de personas interesadas en los servicios que ofreces. Las estrategias de marketing digital incluyen:

SEO (Optimización en motores de búsqueda): Optimiza tu sitio web con palabras clave relevantes para aparecer en las búsquedas que hacen tus clientes potenciales.

Marketing de contenidos: Publicar artículos, blogs o guías en tu sitio web sobre temas relacionados con tus servicios muestra tu experiencia y atrae tráfico a tu página.

Redes sociales: Selecciona las plataformas que mejor se adapten a tu público objetivo. LinkedIn, por ejemplo, es ideal para consultores B2B, mientras que Instagram y Twitter pueden ser útiles para consultores que quieran atraer a pequeñas empresas o emprendedores.

El networking es fundamental en consultoría. Participar en eventos de la industria, conferencias o ferias es una excelente oportunidad para dar a conocer tu consultora, establecer relaciones y encontrar clientes potenciales. No solo te permite presentarte en persona, sino que también fortalece tu reputación y presencia en el sector.

Ejemplo práctico: Si tu consultora se centra en estrategias de marketing digital para el sector salud, asistir a conferencias sobre tecnología y marketing en salud puede ser un gran canal para conectarte con potenciales clientes de este nicho.

Las recomendaciones de clientes o contactos existentes son uno de los métodos de captación más efectivos y confiables. Las referencias funcionan como una forma de publicidad boca a boca, que genera confianza en los nuevos clientes potenciales. Pide a tus contactos, amigos, antiguos colegas o conocidos que te recomienden a personas que puedan beneficiarse de tus servicios. Tener una buena reputación desde el principio te abrirá puertas de manera más rápida.

Además de definir tu cliente ideal y seleccionar los canales adecuados, crear y compartir contenido relevante puede ayudarte a captar la atención de potenciales clientes. El contenido no solo posiciona a tu consultora como una autoridad en el tema, sino que también ayuda a educar a tu audiencia sobre los beneficios de tus servicios.

Un blog en tu sitio web puede ser una excelente forma de atraer tráfico orgánico y posicionarte en los motores de búsqueda. Escribe artículos que aborden problemas comunes en tu nicho, ofreciendo consejos y mostrando soluciones. Esto no solo ayudará a los potenciales clientes a identificar sus necesidades, sino que también te permitirá demostrar tu experiencia y credibilidad.

Ofrecer guías, infografías o whitepapers gratuitos en tu sitio web puede ayudarte a atraer a clientes potenciales interesados en profundizar en ciertos temas. A cambio de estos recursos, puedes solicitar la dirección de correo electrónico del visitante, permitiéndote construir una lista de contactos interesados en tus servicios.

Los webinars o videos educativos son herramientas efectivas para conectar con clientes potenciales de manera más personal. Realizar una sesión en vivo o compartir un video breve sobre un tema relevante permite que tu audiencia conozca mejor tus servicios y experiencia. Esta estrategia también crea una conexión directa y muestra el valor que puedes aportar.

Crear contenido relevante y valioso es una de las formas más efectivas de atraer clientes potenciales sin necesidad de una inversión publicitaria significativa. La clave está en asegurarse de que cada pieza de contenido que ofrezcas aporte soluciones y conocimientos prácticos a los problemas de tus clientes ideales.

Atraer a tus primeros clientes requiere de una estrategia clara y enfocada. Identificar a tu cliente ideal, elegir los canales adecuados y ofrecer contenido de valor no sólo aumentará tus posibilidades de éxito, sino que también sentará una base sólida para construir relaciones duraderas. El proceso de captación de clientes en consultoría es gradual, y el valor de tu consultora se verá reflejado en la forma en que te posicionas y comunicas con tu audiencia desde el inicio.

6.2 Cómo realizar una propuesta de valor irresistible

Una propuesta de valor bien formulada es uno de los aspectos más importantes para captar la atención de clientes potenciales y cerrar proyectos de consultoría. La propuesta de valor no sólo muestra cómo puedes resolver un problema específico del cliente, sino que también le permite comprender el impacto y el beneficio directo de tus servicios. La clave para que tu propuesta sea irresistible está en personalizarla, enfocarte en los resultados y diferenciarte de la competencia.

Antes de diseñar la propuesta, es fundamental comprender las necesidades, problemas y metas del cliente. Escuchar activamente, hacer preguntas abiertas y recopilar información durante las reuniones iniciales te permitirá identificar los puntos críticos y las prioridades del cliente. Esto te ayudará a crear una propuesta que no solo se ajuste a su situación, sino que también muestre que entiendes a fondo sus retos y aspiraciones.

Las reuniones iniciales son oportunidades clave para comprender la situación actual del cliente. En estas conversaciones, enfócate en escuchar más que en hablar. Pregunta sobre sus desafíos actuales, sus objetivos a corto y largo plazo, y cualquier obstáculo que esté impidiendo su crecimiento. Esta información te permitirá personalizar tu propuesta de valor y mostrar que realmente comprendes sus necesidades.

Tienes que identificar los puntos de dolor o problemas prioritarios del cliente es crucial para desarrollar una propuesta relevante. Estos puntos de dolor son los aspectos en los que tu servicio puede tener un impacto inmediato y positivo. Por ejemplo, si el cliente menciona que tiene problemas con la rotación de personal, puedes centrar tu propuesta en cómo tus estrategias de recursos humanos pueden mejorar la retención y el clima laboral.

Ejemplo práctico: Si tu cliente es una empresa pequeña que enfrenta dificultades para atraer y retener talento, podrías destacar cómo tus servicios de consultoría en recursos humanos le ayudarán a construir una cultura organizacional atractiva y competitiva. Este enfoque muestra que tu propuesta está alineada con sus prioridades.

La propuesta de valor debe ser específica y enfocarse en los beneficios concretos que el cliente obtendrá al trabajar contigo. Cada propuesta debe adaptarse al contexto y las necesidades particulares del cliente, mostrando cómo tu consultora le ayudará a superar sus desafíos y alcanzar sus objetivos.

Es importante que los beneficios que ofreces sean comprensibles y que estén directamente relacionados con las necesidades del cliente. Evita el uso de jerga técnica o términos complejos; en su lugar, utiliza un lenguaje claro que permita al cliente visualizar los resultados. En lugar de hablar solo de "consultoría en eficiencia operativa", podrías expresar que "ayudarás a reducir los costos operativos en un 15% en el primer año".

Cada cliente es diferente, y tu propuesta debe reflejar esta individualidad. Puedes adaptar el formato de la propuesta, incluyendo casos de éxito, ejemplos específicos o gráficos que simplifiquen la comprensión. Algunos clientes prefieren ver los resultados en cifras, mientras que otros podrían valorar ejemplos narrativos o testimonios de otros clientes satisfechos.

La propuesta de valor es también el lugar para mostrar por qué eres la persona o consultora adecuada para resolver los problemas del cliente. Destaca tu experiencia en proyectos similares y menciona tus habilidades específicas que añaden valor. Incluye resultados anteriores o estadísticas de casos de éxito que respalden tu experiencia.

Ejemplo práctico: Si estás presentando una propuesta a una empresa de tecnología que busca optimizar sus procesos de desarrollo de productos, podrías mencionar tu experiencia con metodologías ágiles y tus logros previos en la reducción de tiempos de desarrollo en proyectos de tecnología.

Para que una propuesta de valor sea irresistible, debe enfocarse en los resultados que el cliente obtendrá y cómo tu consultora los ayudará a alcanzarlos. Al centrarte en los beneficios concretos, puedes mostrar el impacto positivo de tu trabajo de una manera que sea fácil de comprender.

Los clientes quieren ver cómo tus servicios afectarán positivamente sus resultados. Si es posible, incluye métricas y datos específicos en tu propuesta, como proyecciones de incremento en ingresos, reducción de costos o mejora en la satisfacción del cliente. Estas cifras ayudan a que el cliente visualice claramente el valor de tu trabajo.

Además de presentar métricas, es fundamental que los beneficios estén alineados con las prioridades del cliente. Por ejemplo, si el cliente se enfoca en mejorar su posicionamiento de marca, muestra cómo tus estrategias de marketing digital o branding ayudarán a elevar su presencia en el mercado. Cada beneficio debe responder a las inquietudes específicas que el cliente haya expresado en sus reuniones iniciales.

Para dar más confianza al cliente, considera incluir un cronograma tentativo que muestre cómo y cuándo se entregarán los resultados. Un plan de acción, aunque sea breve, permite al cliente entender cómo será el proceso y visualizar los beneficios a lo largo del tiempo. Esto no solo facilita la comprensión, sino que también transmite una imagen de profesionalismo y compromiso.

Ejemplo práctico: Supón que el cliente desea mejorar su visibilidad en redes sociales en un plazo de tres meses. Podrías estructurar tu propuesta con un cronograma que detalle las acciones en cada etapa: auditoría inicial y planificación (primer mes), implementación y optimización de campañas (segundo mes), y evaluación y ajustes finales (tercer mes). Este tipo de detalle muestra un compromiso real con el resultado.

Una propuesta de valor irresistible no solo se enfoca en describir el servicio, sino en mostrar al cliente cómo este servicio transformará positivamente su negocio. A través de una propuesta clara, personalizada y orientada a resultados, puedes captar el interés del cliente y ayudarle a visualizar los beneficios específicos que obtendrá. Recuerda que cada propuesta es una oportunidad para demostrar que comprendes sus necesidades y que eres el consultor adecuado para resolverlas.

6.3 La importancia de las relaciones y redes de contacto

Construir y nutrir relaciones sólidas es uno de los pilares fundamentales para el éxito de cualquier consultora. El poder de las conexiones en el ámbito profesional no solo facilita el acceso a nuevos clientes, sino que también ayuda a fortalecer la reputación de tu consultora y generar oportunidades de colaboración. Las redes de contacto te permiten abrir puertas, recibir recomendaciones y consolidar una red de apoyo que puede marcar la diferencia, especialmente en las primeras etapas.

El networking es una de las herramientas más efectivas para dar a conocer tu consultora y establecer contactos que puedan convertirse en oportunidades de negocio. Asistir a eventos, conferencias, talleres y seminarios es una forma de presentar tu oferta, escuchar las necesidades de potenciales clientes y demostrar tu interés genuino en su sector o industria.

No todos los eventos de networking serán igual de efectivos para tu consultora. Para maximizar los beneficios, selecciona aquellos eventos que realmente se alineen con tu nicho y el perfil de tu cliente ideal. Participar en ferias comerciales, conferencias específicas de tu sector o en encuentros de cámaras de comercio puede ser una excelente estrategia para conocer clientes potenciales.

Antes de asistir a un evento, prepárate con antelación. Investiga qué tipo de empresas asistirán, identifica a posibles personas de interés y ten preparada una breve presentación o "elevator pitch" que explique quién eres, en qué te especializas y cómo tu consultora puede aportar valor. Esta preparación demostrará profesionalismo y te permitirá aprovechar al máximo cada interacción.

Al hacer networking, es fundamental escuchar más de lo que hablas. Demuestra interés genuino en las personas y sus negocios, haz preguntas abiertas y muéstrate atento a las inquietudes que mencionen. Esto no solo crea una conexión más auténtica, sino que también te permite descubrir más sobre las necesidades de tu mercado y adaptar tus estrategias en consecuencia.

Ejemplo práctico: Si te especializas en consultoría de sostenibilidad para empresas, asistir a una conferencia sobre responsabilidad social corporativa puede ponerte en contacto con ejecutivos que buscan reducir su huella de carbono o mejorar sus prácticas ambientales. Con una presentación breve y bien preparada, puedes captar su interés y generar futuras oportunidades de colaboración.

Las conexiones que ya tienes también pueden ayudarte a obtener tus primeros clientes. Amigos, familiares, antiguos colegas y otros contactos profesionales pueden ser un valioso punto de partida. No subestimes el poder de las recomendaciones: muchas veces, los clientes confían en los consultores que les son recomendados por personas de su red de confianza.

Una manera sencilla de aprovechar tu red de contactos es pedir a quienes ya confían en ti que te recomienden a posibles clientes. Esto puede incluir enviar un correo electrónico o mensaje corto explicando que has comenzado tú consultoría y que estarías encantado de recibir referencias de personas interesadas en tus servicios.

La clave para aprovechar tus contactos es mantener una comunicación constante y no solo buscar apoyo cuando necesites algo. Interactuar regularmente con tu red, compartir contenido relevante y mostrar interés por su progreso son formas de consolidar la relación y aumentar las posibilidades de que te refieran a otras personas.

LinkedIn, por ejemplo, es una plataforma poderosa para establecer y mantener relaciones con contactos profesionales. Asegúrate de tener un perfil completo y actualizado, compartir contenido relevante sobre tus áreas de especialización y participar en discusiones y grupos que te interesen. Esto te permitirá mantenerte en el radar de tus contactos y ser la primera opción en la mente de aquellos que necesitan los servicios que ofreces.

Ejemplo práctico: Si tienes un antiguo colega en una empresa que podría beneficiarse de tus servicios, enviarle un mensaje corto informando sobre tu consultora y los servicios que ofreces puede ser una forma efectiva de abrir la puerta para posibles colaboraciones. De la misma manera, interactuar en LinkedIn con publicaciones de tu sector puede ayudarte a atraer la atención de contactos nuevos y relevantes.

Además del networking y el aprovechamiento de tu red de contactos, otra estrategia poderosa es la creación de alianzas estratégicas con empresas o consultores complementarios. Las alianzas te permiten acceder a clientes que de otra manera podrían no estar a tu alcance, y además, agregan valor a tu propuesta de servicios.

Busca aliados que ofrezcan servicios que complementen los tuyos, sin competir directamente. Por ejemplo, si tu consultora se especializa en recursos humanos, una alianza con una firma de consultoría en gestión de procesos podría ofrecer un valor agregado a los clientes interesados en optimizar tanto su talento humano como sus procesos operativos.

Al establecer una alianza, es importante acordar términos claros y definir cómo ambas partes se beneficiarán de la colaboración. Esto incluye el tipo de clientes a los que apuntarán juntos, cómo se dividirán los ingresos si corresponden y cuál será la estructura de comunicación entre ambas partes.

Las alianzas estratégicas también pueden facilitar la participación conjunta en proyectos de mayor envergadura, donde ambos socios aportan su experiencia y conocimiento. Estos proyectos pueden ser una excelente manera de fortalecer la relación con tus aliados y demostrar el valor añadido a tus clientes.

Ejemplo práctico: Si tu consultora trabaja en el área de gestión de cambios y te asocias con una firma de tecnología que implementa sistemas de gestión, pueden trabajar juntos para brindar a los clientes una solución integral. Mientras tu consultora se encarga de la adopción y formación en el nuevo sistema, la firma de tecnología se enfoca en la implementación técnica.

Las relaciones y redes de contacto no solo facilitan la obtención de clientes, sino que también son esenciales para construir una consultora estable y bien conectada. Invertir tiempo en desarrollar relaciones genuinas, aprovechar tus contactos actuales y crear alianzas estratégicas te permitirá establecer una presencia fuerte en tu industria y generar un flujo constante de clientes potenciales. La clave está en ver estas conexiones como asociaciones de valor y no solo como oportunidades de ventas, y en construir relaciones duraderas basadas en el respeto, la colaboración y el beneficio mutuo.

6.4 Técnicas para generar confianza y fidelizar al cliente

Una vez que has captado la atención de un cliente potencial y has establecido una conexión inicial, el siguiente paso es generar confianza. La confianza es un aspecto fundamental en la relación entre consultor y cliente, y es clave para crear vínculos a largo plazo que puedan llevar a futuras oportunidades de negocio. Este enfoque no solo facilita el trabajo inicial, sino que también sienta las bases para una relación duradera y para la fidelización del cliente.

Uno de los factores más importantes para generar confianza es la transparencia en todas las etapas de la relación. La comunicación abierta y constante crea un ambiente de confianza, ya que el cliente se siente seguro de que está informado sobre todos los aspectos del proyecto. La falta de comunicación, en cambio, puede generar dudas y reducir la credibilidad de la consultora.

Es fundamental que, desde la primera reunión, establezcas expectativas claras en cuanto a los tiempos, costos, resultados y la forma de trabajar. Definir de manera transparente lo que el cliente puede esperar de tus servicios reducirá posibles malentendidos y ayudará a que ambos estén alineados. Establecer un contrato o acuerdo por escrito que defina el alcance del proyecto, los objetivos y los plazos es una buena práctica.

Informar regularmente al cliente sobre el estado del proyecto muestra que te preocupas por su tranquilidad y seguridad. Puedes programar reuniones de seguimiento semanales o quincenales, enviar reportes de progreso y compartir cualquier cambio en los planes. Mantener una comunicación fluida asegura que el cliente esté al tanto de los avances y se sienta parte del proceso.

En los proyectos de consultoría, es normal enfrentar retos y obstáculos. Ser transparente sobre estos desafíos y comunicar al cliente cómo planeas abordarlos fortalece la confianza. Los clientes valoran la honestidad y prefieren saber si algo no marcha como estaba previsto. Mostrar que eres proactivo en la búsqueda de soluciones y que estás comprometido con el éxito del proyecto refuerza tu imagen de profesionalismo.

Ejemplo práctico: Si el proyecto está teniendo un retraso debido a un obstáculo inesperado, como problemas en la integración de un sistema, informa al cliente lo antes posible y explícale cómo planeas solucionarlo. Proponer alternativas y mostrar un plan de acción claro da tranquilidad al cliente y muestra tu compromiso.

Los testimonios y los casos de éxito son herramientas poderosas para demostrar tu experiencia y generar confianza. Los clientes potenciales se sienten más seguros al trabajar con una consultora que tiene antecedentes comprobables de éxito, y la opinión positiva de otros clientes les brinda una referencia confiable de tu desempeño.

Si has trabajado con otros clientes y cuentas con su permiso, incluye testimonios en tu propuesta, sitio web o materiales promocionales. Los testimonios ayudan a los clientes potenciales a visualizar el impacto positivo de tus servicios y demuestran que tienes una trayectoria exitosa.

Los casos de éxito son ejemplos detallados de cómo has ayudado a otros clientes a resolver problemas específicos o a alcanzar sus objetivos. Incluir ejemplos concretos, junto con los resultados cuantificables obtenidos, es una manera efectiva de mostrar tu capacidad para generar valor y satisfacer las expectativas del cliente.

Pedir feedback a los clientes actuales no solo te permite mejorar tus servicios, sino que también te brinda testimonios frescos y auténticos que puedes utilizar para atraer nuevos clientes. Este feedback puede convertirse en una herramienta para pulir tu propuesta de valor y para que otros clientes potenciales conozcan los resultados que pueden esperar.

Ejemplo práctico: Supón que has trabajado con una empresa de retail y has logrado reducir su tiempo de entrega en un 20%. Puedes redactar un caso de éxito en el que expliques el problema, las soluciones que implementaste y los resultados obtenidos, mostrando cómo tu intervención generó un impacto positivo en su negocio.

El servicio de consultoría no termina cuando entregas el proyecto. Mantener el contacto con el cliente después de finalizado el trabajo demuestra tu compromiso con su éxito y tu interés en establecer una relación duradera. Las estrategias de seguimiento y postventa son esenciales para fidelizar al cliente y para abrir la puerta a futuras colaboraciones.

Después de finalizar un proyecto, programa una reunión de seguimiento para revisar los resultados, responder preguntas y asegurar que el cliente esté satisfecho. Esta reunión también es una oportunidad para recibir retroalimentación y para explorar posibles áreas de colaboración futura.

Brindar soporte adicional después del proyecto, aunque sea de forma breve, muestra tu compromiso con la satisfacción del cliente. Puede ser un seguimiento por correo electrónico unas semanas después de la entrega, para asegurarte de que el cliente esté satisfecho o para ofrecer asesoría adicional en caso de que tengan preguntas o necesiten ayuda.

La fidelización también se construye a través de la comunicación continua. Mantente en contacto con tus clientes aunque no tengas un proyecto en marcha, compartiendo contenido relevante o informándoles de nuevos servicios que puedas ofrecerles. Esta comunicación les recuerda tu presencia y puede abrir la puerta a futuras oportunidades de negocio.

Ejemplo práctico: Imagina que has terminado un proyecto de optimización de procesos para una empresa mediana. Podrías hacer un seguimiento con el cliente tres meses después de la implementación para preguntar si han visto mejoras adicionales, ofrecer alguna recomendación adicional o invitarlos a un webinar o evento relevante de su industria.

Generar confianza y fidelizar al cliente es un proceso continuo que requiere transparencia, comunicación, y un interés genuino en el éxito del cliente. Las técnicas descritas en esta sección son esenciales para construir relaciones de largo plazo que no solo garanticen la satisfacción de tus clientes actuales, sino que también abran la puerta a nuevas oportunidades de negocio mediante recomendaciones y colaboraciones. La confianza se convierte, de esta manera, en uno de los activos más valiosos de tu consultora, ya que cada cliente satisfecho fortalece tu reputación y multiplica tus posibilidades de éxito en el futuro.

6.5 Cómo crear un plan de negocios para el cliente

Ofrecer un plan de negocios detallado es una excelente manera de agregar valor a los servicios de consultoría y demostrar tu compromiso con el éxito a largo plazo del cliente. Un plan de negocios no solo ayuda al cliente a organizar sus metas y estrategias, sino que también sirve como una hoja de ruta para la implementación de tus recomendaciones y para medir el progreso en el tiempo. Este tipo de documento puede ser especialmente útil para aquellos clientes que necesitan una dirección clara para avanzar en su crecimiento o en su reorganización estratégica.

Antes de desarrollar un plan de negocios efectivo, es esencial que comprendas a fondo la visión, misión y metas del cliente. Al definir estos elementos, podrás asegurarte de que el plan se alinea con los valores y objetivos generales de la empresa, lo que aumentará su relevancia y utilidad.

Comienza con una serie de reuniones en las que el cliente tenga la oportunidad de compartir su visión, misión y expectativas a largo plazo. Estas conversaciones no solo permiten que el cliente exprese sus ideas, sino que también te ayudan a detectar posibles obstáculos o áreas en las que el cliente podría necesitar apoyo adicional.

La visión y misión de la empresa deben desglosarse en objetivos específicos que puedan alcanzarse a lo largo del tiempo. Divide estas metas en plazos (corto, mediano y largo) y asegúrate de que cada una de ellas esté alineada con la visión general. Esta estructura permite que el cliente vea su progreso de manera concreta y facilita la implementación gradual del plan.

No todas las metas son igual de urgentes ni tienen el mismo impacto. Trabaja con el cliente para identificar qué objetivos deben priorizarse y qué actividades requieren atención inmediata. Esto ayudará a que el plan sea más efectivo y permitirá al cliente enfocarse en las áreas que generarán los mejores resultados.

Ejemplo práctico: Si estás trabajando con una pequeña empresa que desea expandirse a un mercado internacional, puedes dividir las metas en objetivos específicos, como realizar estudios de mercado, adaptar los productos o servicios a la demanda del nuevo mercado y establecer alianzas estratégicas locales.

Una vez que tengas una comprensión clara de las metas y visión del cliente, es momento de desarrollar la estructura del plan de negocios. Esta estructura debe ser clara, organizada y fácil de seguir, de modo que el cliente pueda implementar tus recomendaciones con eficacia.

Un plan de negocios sólido comienza con un análisis exhaustivo del mercado. Esto incluye un análisis de la competencia, tendencias de la industria y del entorno, así como la identificación de oportunidades y amenazas. Este análisis proporciona el contexto necesario para entender las dinámicas del sector y permite al cliente tomar decisiones informadas.

En esta sección, describe detalladamente los servicios o productos del cliente, destacando sus ventajas competitivas y cómo se posicionan en el mercado. Esto ayuda al cliente a comprender cómo su oferta se diferencia de la competencia y a definir una propuesta de valor sólida.

Define una estrategia de marketing y ventas que incluya tácticas para captar nuevos clientes, fidelizar a los actuales y mejorar la visibilidad de la empresa en el mercado. Establece los canales de comunicación más efectivos, los mensajes clave y las estrategias de promoción y publicidad que el cliente puede implementar para alcanzar sus objetivos.

Incluye un plan de operaciones que defina cómo se llevarán a cabo las actividades diarias de la empresa para alcanzar sus metas. Detalla los procesos clave, los recursos necesarios y los plazos de implementación. El plan de operaciones debe alinearse con la estrategia general de la empresa y reflejar la organización interna y los recursos humanos disponibles.

Presenta un análisis financiero que incluya un presupuesto estimado, proyecciones de ingresos y gastos, y un análisis de flujo de caja. Este apartado es crucial para que el cliente tenga una visión realista de las inversiones necesarias y de los retornos esperados. Las proyecciones financieras permiten identificar si el plan es económicamente viable y en qué plazos puede comenzar a generar beneficios.

Ejemplo práctico: Si el cliente es una empresa de servicios tecnológicos que busca escalar su operación, podrías incluir en el plan un análisis de mercado que detalle el crecimiento proyectado del sector y una estrategia de ventas centrada en captar clientes corporativos mediante demostraciones en vivo de sus productos.

Una de las partes más valiosas de un plan de negocios es la proyección de resultados y la definición de métricas de éxito. Estas métricas permiten al cliente medir el impacto de las acciones que implementará y evaluar si está alcanzando los objetivos establecidos.

Selecciona KPIs que estén alineados con los objetivos de la empresa y que permitan medir el progreso hacia cada meta. Los KPIs pueden ser indicadores financieros, como el margen de beneficio, o de rendimiento, como la tasa de retención de clientes o el tiempo de conversión de leads.

Ofrece proyecciones de crecimiento que muestren al cliente el impacto potencial de la implementación del plan de negocios. Esto puede incluir estimaciones de crecimiento en ventas, expansión de la cuota de mercado o mejoras en la eficiencia operativa. Estas proyecciones ayudan a que el cliente visualice el potencial de su negocio y se comprometa con las acciones necesarias para alcanzar el éxito.

Un plan de negocios no es un documento estático; debe ser revisado y ajustado con regularidad. Establece un cronograma de revisión para que el cliente pueda evaluar su progreso de forma periódica y realizar los ajustes necesarios en su estrategia. Esto también le da la oportunidad de verificar que el plan sigue siendo relevante y adaptarse a los cambios en el mercado.

Ejemplo práctico: Imagina que estás trabajando con una empresa de retail que desea mejorar su rentabilidad. Puedes definir KPIs como el aumento del ticket promedio, la rotación de inventario y la reducción de costos operativos. Al establecer estos indicadores, el cliente tendrá herramientas para medir el impacto de las estrategias implementadas en el corto y mediano plazo.

El desarrollo de un plan de negocios para el cliente no sólo añade valor a tus servicios de consultoría, sino que también proporciona al cliente una guía clara y estructurada para alcanzar sus objetivos. Al crear un plan de negocios personalizado, alineado con la visión y metas del cliente, puedes ayudarlo a establecer un camino claro hacia el éxito y fortalecer tu relación con él. Un plan de negocios bien diseñado muestra tu compromiso y profesionalismo, y demuestra que tu consultora está dispuesta a ir más allá para asegurar que el cliente logre sus metas a largo plazo.

Tu primer cliente será un gran logro, pero tu crecimiento dependerá de cómo te perciben en el mercado. En el próximo capítulo, exploraremos cómo construir una marca personal sólida que refuerce tu credibilidad y te diferencie en el sector.

CAPÍTULO 7: "ASPECTOS LEGALES Y REGULATORIOS DE TU CONSULTORA"

7.1 Estructura Legal de tu Consultora

La elección de la estructura legal es una de las primeras decisiones importantes al momento de iniciar una consultora. Esta decisión afectará varios aspectos clave del negocio, como las responsabilidades legales, los requisitos fiscales y las posibilidades de crecimiento. A continuación, se exploran las estructuras legales más comunes para consultoras, junto con sus ventajas y desventajas, para ayudarte a tomar una decisión informada.

Autónomo o Empresa Unipersonal

Esta es la forma más simple de operar una consultora, especialmente si trabajas por cuenta propia. En este modelo, el consultor es responsable de todos los aspectos del negocio y asume la responsabilidad personal de cualquier obligación.

Ventajas:

a) Registro sencillo y bajo costo inicial.
b) Flexibilidad en la toma de decisiones y administración.
c) Menos requisitos fiscales y contables que otras estructuras.

Desventajas:

a) Responsabilidad personal ilimitada: cualquier deuda u obligación del negocio recae directamente en el propietario.
b) Puede dificultar el crecimiento, ya que algunos clientes o inversores prefieren trabajar con empresas establecidas.

Este modelo es adecuado para consultores independientes que no planean contratar personal ni expandir la consultora a gran escala.

Sociedad de Responsabilidad Limitada (SRL)

La consultora se considera una entidad independiente del propietario, lo que protege los bienes personales del mismo en caso de problemas financieros. La responsabilidad del propietario está limitada al capital invertido en el negocio.

Ventajas:

a) Protección de responsabilidad: los bienes personales del propietario están protegidos en caso de deudas o demandas.
b) Credibilidad: las SRL suelen ser mejor valoradas por clientes y socios potenciales.
c) Flexibilidad para añadir nuevos socios sin complicaciones legales.

Desventajas:

a) Mayor costo de registro y más requisitos contables y fiscales.
b) Obligación de llevar una contabilidad más estricta y cumplir con regulaciones adicionales.

Es ideal para consultores que planean hacer crecer el negocio y contratar empleados o para aquellos que desean proteger sus bienes personales.

Sociedad Anónima (SA)

Una SA es una entidad que puede emitir acciones para financiar sus actividades y tiene una estructura más compleja. Las sociedades anónimas suelen ser preferidas por grandes consultoras o aquellas que planean expandirse considerablemente.

Ventajas:

a) Permite la emisión de acciones, lo cual facilita la recaudación de capital y la atracción de inversores.
b) Responsabilidad limitada para los accionistas.
c) Mejor percepción de estabilidad y profesionalismo, lo cual puede facilitar la obtención de clientes grandes.

Desventajas:

a) Costos y trámites elevados de registro y mantenimiento.
b) Exige una estructura de gobierno corporativo, como junta directiva y asambleas de accionistas.

Esta estructura es ideal para consultoras que buscan un crecimiento significativo, que planean emitir acciones o atraer inversión externa.

La elección de la estructura legal adecuada depende del tamaño, las metas y el riesgo de la consultora. Aquí se resumen las ventajas y desventajas de cada estructura para ayudarte a comparar.

Estructura	Ventajas	Desventajas
Autónomo	Bajo costo inicial, control total, menos requisitos fiscales	Responsabilidad personal ilimitada, menor credibilidad para clientes grandes
Sociedad de Responsabilidad Limitada (SRL)	Protección de bienes personales, mejor	Mayor costo de registro, más requisitos fiscales

Estructura	Ventajas	Desventajas
	credibilidad, posibilidad de añadir socios	y contables
Sociedad Anónima	Posibilidad de emitir acciones, buena reputación, protección de responsabilidad para accionistas	Altos costos de mantenimiento, complejidad de estructura, mayores requisitos de contabilidad y gobierno corporativo

El proceso de registro varía según el país y la estructura elegida, pero a continuación se incluyen los pasos generales que se deben considerar para constituir legalmente una consultora:

Elige un nombre que represente a tu consultora y que sea único dentro de tu jurisdicción. Algunos países requieren verificar la disponibilidad del nombre y registrarlo como marca comercial si deseas protegerlo legalmente.

En la mayoría de los casos, se debe definir el objeto social o propósito de la empresa, que describe las actividades principales de la consultora. Este paso es importante porque define el alcance de tus servicios y puede ser un requisito para obtener ciertas licencias.

Una cuenta bancaria separada para la consultora es fundamental para gestionar los ingresos y gastos, y mantener las finanzas personales separadas de las de la empresa. Esto es obligatorio en muchas estructuras, como SRL y SA.

Dependiendo del sector y los servicios ofrecidos, algunas consultoras pueden necesitar licencias o permisos específicos para operar legalmente.

La elección de la estructura legal de tu consultora es un paso crucial que puede influir en el crecimiento y en la seguridad financiera de tu negocio. Analizar las ventajas y desventajas de cada estructura, así como cumplir con los requisitos de registro, te permitirá establecer una base sólida para operar de manera profesional y segura. Este enfoque te ayudará a reducir riesgos y te dará mayor credibilidad ante tus clientes y socios potenciales.

7.2 Contratos con Clientes

Los contratos son herramientas esenciales para proteger los intereses de tu consultora y establecer una relación clara y profesional con los clientes. Un contrato bien estructurado no solo define el alcance y los términos del proyecto, sino que también reduce el riesgo de malentendidos o disputas. En esta sección, exploraremos los elementos clave de un contrato de consultoría, incluyendo cláusulas de confidencialidad, derechos de propiedad y condiciones de rescisión.

Uno de los elementos más importantes de un contrato de consultoría es la descripción detallada de los objetivos del proyecto y del alcance del trabajo. Especifica qué tareas y servicios se incluirán y cuáles no, ya que esto ayudará a evitar confusiones y a establecer expectativas claras desde el inicio. Define los resultados específicos que el cliente espera obtener.

Detalla las tareas, entregables y plazos acordados. Si hay actividades que están fuera del alcance, inclúyelas en una lista para que el cliente esté al tanto.

Define claramente las tarifas y el método de cobro en el contrato. Esto puede incluir el costo total del proyecto, tarifas por hora o tarifas basadas en hitos alcanzados. Incluye también los términos de pago, como la fecha de vencimiento de cada pago, las penalizaciones por retraso y los descuentos por pagos adelantados, si aplica.

Si el proyecto es extenso, considera dividir el pago en varios hitos o proyectos, de modo que el cliente realice pagos parciales al completar cada fase.

Especifica los métodos de pago que aceptas, ya sea transferencia bancaria, tarjeta de crédito o cualquier otro medio.

Establece un cronograma que indique las fechas de entrega de cada etapa del proyecto. Un cronograma detallado ayuda al cliente a visualizar el proceso y a realizar ajustes en caso de ser necesario. Además, establece plazos para las revisiones, de modo que ambas partes estén alineadas en cuanto a tiempos y prioridades.

Para evitar conflictos, define claramente las responsabilidades tanto de la consultora como del cliente. Esto puede incluir la obligación del cliente de proporcionar la información o los recursos necesarios para el proyecto, así como las responsabilidades de tu equipo en cuanto a la entrega de los servicios.

Los proyectos pueden evolucionar y requerir ajustes en el camino. Es importante establecer en el contrato un proceso para manejar los cambios en el alcance, cronograma o presupuesto. Puedes incluir una cláusula de "Solicitud de Cambio" que especifique cómo se comunicarán los cambios y cómo se ajustarán las tarifas si fuera necesario.

Ejemplo práctico: Si estás trabajando en un proyecto de desarrollo organizacional, puedes especificar que el cliente debe facilitar el acceso a su personal y datos internos. Esto asegura que tengas los recursos necesarios para cumplir con los objetivos y que ambas partes entiendan sus roles y responsabilidades.

Además, en consultoría, es común manejar información sensible del cliente, como datos financieros, estrategias de negocio o tecnología patentada. Las cláusulas de confidencialidad protegen esta información y establecen las reglas sobre su uso.

La cláusula de confidencialidad debe especificar qué información se considera confidencial y está protegida por el contrato. Esto puede incluir planes de negocio, registros financieros, estrategias de marketing y cualquier otro dato que el cliente considere sensible.

La cláusula debe limitar el uso de la información confidencial exclusivamente a los fines del proyecto y prohibir su divulgación a terceros sin el consentimiento del cliente. También puedes incluir un periodo de tiempo en el que esta cláusula será efectiva, como 1 o 2 años después de la finalización del contrato.

Ejemplo práctico: En un contrato con una empresa de tecnología, puedes incluir una cláusula de confidencialidad que prohíba el uso de los datos del cliente fuera del proyecto y especifique que cualquier documento o archivo se eliminará o devolverá al cliente al final del proyecto.

Es importante prever qué sucederá si el contrato termina antes de lo previsto, ya sea por decisión del cliente o de la consultora. Las cláusulas de rescisión establecen las condiciones para la finalización del contrato y cualquier penalización que pueda aplicarse.

Incluye condiciones claras para la rescisión del contrato, tanto si la decisión la toma el cliente como si la toma la consultora. Define los motivos válidos para la rescisión, como incumplimiento de las obligaciones, falta de pago o cambios en el alcance del proyecto.

En caso de que el contrato termine antes de tiempo, puede ser necesario definir penalizaciones o reembolsos. Por ejemplo, si el cliente rescinde el contrato sin justificación, puedes incluir una cláusula que requiera el pago de una penalización o el reembolso de gastos ya incurridos.

Establece un periodo de notificación para la rescisión, en el cual la parte que desee terminar el contrato debe informar a la otra. Esto da tiempo para gestionar la transición y evitar inconvenientes tanto para el cliente como para la consultora.

Ejemplo práctico: Si estás trabajando en un proyecto a largo plazo y el cliente desea finalizar el contrato antes de tiempo, puedes acordar una cláusula de penalización que exija el pago de una parte proporcional del contrato o la devolución de ciertos materiales.

Contar con un contrato de consultoría bien estructurado protege a tu consultora y establece las bases para una relación profesional y transparente con el cliente. Los elementos clave, las cláusulas de confidencialidad y las condiciones de rescisión te permitirán gestionar los proyectos de manera clara y segura, reduciendo el riesgo de conflictos y asegurando que ambas partes tengan expectativas claras. Con contratos sólidos, tu consultora ganará en credibilidad y podrás construir relaciones de largo plazo basadas en la confianza y el respeto mutuo.

7.3 Consideraciones de Propiedad Intelectual

La propiedad intelectual es un aspecto clave para consultoras que generan productos intelectuales, metodologías o contenido propio. Las consideraciones sobre derechos de propiedad intelectual permiten que tanto la consultora como el cliente tengan claridad sobre la titularidad y el uso de cualquier material desarrollado durante el proyecto. Esta sección abarca los derechos sobre el trabajo entregado, la protección de marcas y logotipos, y el uso de software y licencias.

Uno de los aspectos fundamentales en consultoría es definir quién será el propietario de los productos o materiales entregados al cliente. Dependiendo del tipo de proyecto, los derechos sobre el trabajo pueden permanecer con la consultora o transferirse al cliente al finalizar el contrato.

En algunos contratos, el trabajo realizado por la consultora es considerado "trabajo hecho por encargo", lo cual significa que el cliente tendrá la propiedad total sobre el producto entregado. Este enfoque es común en proyectos donde el cliente paga para recibir un informe, estrategia o software que desea explotar exclusivamente.

En otros casos, la consultora puede otorgar al cliente una licencia de uso sobre el trabajo, pero retener los derechos de propiedad intelectual. Esto significa que el cliente puede utilizar el material para fines específicos, pero no puede modificarlo, distribuirlo o explotarlo comercialmente sin el permiso de la consultora.

Para proyectos donde ambas partes contribuyen al desarrollo del producto final, es posible establecer un acuerdo de propiedad conjunta. Esto permite a ambas partes usar el material desarrollado, aunque generalmente incluye restricciones para proteger los intereses de cada una.

Ejemplo práctico: Si tu consultora desarrolla una metodología específica para la mejora de procesos, puedes otorgar al cliente una licencia para que la utilice, pero sin ceder la propiedad intelectual. Esto permite a tu consultora reutilizar esa metodología en futuros proyectos con otros clientes.

Registrar y proteger los elementos únicos de tu consultora puede ser una inversión valiosa, especialmente si tienes una marca distintiva, un logotipo o metodologías originales que deseas proteger frente a terceros.

Registrar el nombre comercial y el logotipo de tu consultora permite proteger tu identidad visual y evitar que otras empresas utilicen elementos similares que puedan confundir a tus clientes. El proceso de registro varía según el país, pero generalmente requiere presentar el nombre y el diseño en la oficina de propiedad intelectual correspondiente.

Si tu consultora genera contenido propio, como informes, guías, cursos o publicaciones, puedes registrarlos bajo derechos de autor. Esto garantiza que, aunque entregues estos materiales a los clientes, nadie pueda copiar, distribuir o modificar el contenido sin tu autorización.

Si tu consultora desarrolla tecnología patentable o posee información confidencial que le otorga una ventaja competitiva, considera registrarla como patente o protegerla como secreto comercial. Los secretos comerciales, como fórmulas o técnicas propietarias, pueden protegerse mediante contratos de confidencialidad y políticas internas.

Ejemplo práctico: Si has creado un software específico para optimizar la gestión de proyectos, puedes protegerlo mediante derechos de autor y licenciar su uso a los clientes, permitiendo que solo ellos puedan utilizarlo durante la duración del contrato.

En el ámbito de la consultoría, el uso de software es común para tareas como análisis de datos, diseño o gestión de proyectos. Es importante asegurarse de que el software utilizado cuenta con las licencias correspondientes y que el cliente comprende los términos de uso.

Si tu consultora utiliza software de terceros, asegúrate de cumplir con los términos de la licencia. Por ejemplo, algunos programas requieren licencias comerciales cuando se utilizan para fines de lucro. No utilizar software con licencia adecuada podría exponer a la consultora y al cliente a problemas legales.

Al crear herramientas o plantillas personalizadas para un cliente, es importante definir si estas serán propiedad del cliente o si la consultora retiene los derechos. En muchos casos, puedes otorgar al cliente una licencia de uso exclusiva, pero mantener la propiedad de la herramienta o plantilla para futuras actualizaciones o mejoras.

Algunas consultoras utilizan software de código abierto para realizar tareas específicas. Aunque el código abierto suele ser gratuito, cada software tiene sus propias condiciones de uso y distribución. Asegúrate de que el uso del software de código abierto cumpla con las condiciones para evitar problemas de compatibilidad legal.

Ejemplo práctico: Supongamos que utilizas un software de análisis de datos para desarrollar informes detallados para el cliente. En el contrato, puedes especificar que la licencia del software no permite que el cliente lo distribuya ni lo use fuera de los límites del proyecto. Esto aclara las expectativas y protege el uso adecuado del software.

Proteger la propiedad intelectual en una consultora es crucial para resguardar los recursos y conocimientos que diferencian tu negocio. A través de un contrato bien estructurado, puedes definir los derechos de uso y de propiedad sobre el trabajo entregado, garantizar la seguridad de tu marca y logotipo, y establecer el uso correcto de software y herramientas personalizadas. Asegurarte de que tanto tu consultora como el cliente comprenden estos términos es clave para proteger el valor de tu trabajo y construir relaciones profesionales de largo plazo.

7.4 Regulaciones Fiscales y Financieras

Cumplir con las regulaciones fiscales y financieras es esencial para el éxito y la longevidad de cualquier consultora. El pago de impuestos y el cumplimiento de las obligaciones contables son responsabilidades que, si se gestionan correctamente, pueden prevenir problemas legales y mejorar la eficiencia financiera. Esta sección abarca los principales impuestos, deducciones y obligaciones fiscales que debe considerar una consultora, y cómo mantener una contabilidad en orden.

Las obligaciones fiscales pueden variar según el país y la estructura legal de la consultora, pero existen ciertos impuestos que suelen aplicarse a los negocios de consultoría.

La mayoría de las consultoras están sujetas al impuesto sobre la renta. Si tu consultora es una empresa unipersonal o autónoma, los ingresos generados se consideran ingresos personales. En el caso de una sociedad de responsabilidad limitada o una sociedad anónima, el negocio pagará impuestos sobre sus ganancias.

En muchos países, los servicios de consultoría están sujetos al IVA, que se cobra a los clientes y luego se remite al gobierno. Es importante registrar este impuesto en cada factura emitida y asegurarse de cumplir con los plazos de declaración y pago. Algunas actividades pueden estar exentas o sujetas a tipos de IVA reducidos, dependiendo de las leyes locales.

Algunas jurisdicciones imponen impuestos locales o tasas comerciales adicionales a las empresas que operan en su territorio. Estos impuestos pueden aplicarse en función de la ubicación de tu consultora y de la actividad que desempeñes.

En algunos casos, los clientes pueden estar obligados a retener una parte del pago para cubrir impuestos. Esto es común cuando trabajas con clientes extranjeros o cuando la consultora no está domiciliada en el país del cliente. Es importante entender las leyes de retención aplicables y cómo afectan a tu consultora.

Ejemplo práctico: Si tienes una consultora en España y ofreces servicios a una empresa en EE.UU., el cliente estadounidense podría retener un porcentaje del pago para cubrir impuestos internacionales, lo cual puede variar según los tratados fiscales entre ambos países.

Las deducciones fiscales permiten reducir el monto total de los impuestos a pagar al deducir ciertos gastos necesarios para operar la consultora. Conocer las deducciones aplicables en tu país puede ayudarte a optimizar los impuestos y mejorar la rentabilidad de tu negocio.

Los gastos en tecnología, como la compra de software, equipos de oficina y suscripciones a herramientas en línea, suelen ser deducibles en la mayoría de los países. Estos gastos son necesarios para el funcionamiento de la consultora, por lo que es importante llevar un registro de ellos.

Invertir en la formación de tu equipo o en cursos de desarrollo profesional para ti mismo puede deducirse en muchos casos. Los cursos de actualización, las certificaciones y la asistencia a conferencias pueden ser considerados gastos deducibles.

Los gastos de viaje relacionados con proyectos de consultoría, como el transporte y el alojamiento, suelen ser deducibles, siempre y cuando se mantengan los registros necesarios. Es importante que estos viajes estén vinculados directamente a la actividad de la consultora y que se registren de manera precisa.

Si tu consultora tiene una oficina física, puedes deducir el alquiler, los servicios públicos y los costos de mantenimiento. En el caso de trabajar desde casa, algunos países permiten deducir un porcentaje proporcional de los gastos domésticos (como electricidad e internet) para reflejar los costos de un espacio de trabajo dedicado.

Ejemplo práctico: Si tu consultora ha incurrido en gastos para asistir a una conferencia de marketing digital, puedes deducir el costo de los boletos, el alojamiento y el transporte. Esto reduce el ingreso gravable y, en consecuencia, los impuestos a pagar.

Mantener una contabilidad en orden y cumplir con las obligaciones fiscales es fundamental para la salud financiera y legal de la consultora. A continuación, se enumeran algunas de las principales obligaciones contables que debe cumplir tu negocio.

Es esencial registrar cada ingreso y gasto relacionado con la actividad de la consultora. Mantener un sistema de contabilidad actualizado, ya sea manualmente o mediante un software de contabilidad, permite monitorear la situación financiera y simplifica la presentación de impuestos.

La mayoría de las jurisdicciones exigen la presentación de declaraciones fiscales periódicas, ya sea de manera mensual, trimestral o anual. Estas declaraciones incluyen información sobre los ingresos, gastos y deducciones aplicadas. Cumplir con los plazos establecidos ayuda a evitar sanciones y recargos.

Los documentos fiscales deben conservarse durante un periodo determinado (por ejemplo, 5 años), ya que pueden ser requeridos en caso de una auditoría. Esto incluye facturas, recibos y cualquier otro comprobante de ingreso o gasto. Asegurarse de contar con esta documentación evita problemas si las autoridades fiscales realizan una revisión.

Dado que las leyes fiscales pueden ser complejas y cambiar con frecuencia, muchos consultores eligen contratar un contador o asesor fiscal que les ayude a cumplir con sus obligaciones y a optimizar la carga tributaria. Un profesional puede proporcionar orientación sobre deducciones, créditos fiscales y otros aspectos financieros importantes.

Ejemplo práctico: Si tu consultora genera ingresos en múltiples países, un asesor fiscal puede ayudarte a gestionar los diferentes impuestos y obligaciones internacionales, minimizando el riesgo de sanciones y maximizando las deducciones aplicables.

Las regulaciones fiscales y financieras son un componente esencial en la operación de una consultora, y cumplir con ellas asegura que el negocio funcione de manera legal y ordenada. Conocer los impuestos aplicables, optimizar las deducciones fiscales y mantener la contabilidad en regla permite que la consultora aproveche al máximo sus recursos y se mantenga en cumplimiento con las normativas. Invertir en una buena gestión fiscal y contable no solo protege a la empresa de problemas legales, sino que también contribuye a su estabilidad y crecimiento a largo plazo.

Una vez que hayas establecido tu marca personal, el siguiente paso es medir tu progreso y asegurarte de que estás cumpliendo con tus objetivos. En el próximo capítulo, aprenderás a utilizar indicadores clave de desempeño, herramientas de evaluación y metodologías para medir tu impacto y éxito como consultor.

CAPÍTULO 8:

"EVALUACIÓN Y MEDICIÓN DEL ÉXITO PARA CONSULTORAS"

8.1 Establecimiento de Indicadores Clave de Rendimiento (KPIs)

Los Indicadores Clave de Rendimiento (KPIs) son métricas que permiten evaluar de manera objetiva el desempeño de una consultora. Elegir y monitorear los KPIs adecuados es esencial para entender si el negocio está logrando sus metas y generando el valor esperado para los clientes. A continuación, veremos cómo definir KPIs para la consultora en general, para proyectos específicos y para la calidad del servicio.

Establecer KPIs para el negocio en su conjunto te permitirá evaluar aspectos clave de la operación de la consultora y determinar su sostenibilidad y crecimiento. Algunos KPIs comunes en consultoría incluyen:

a) Ingresos y rentabilidad:

El seguimiento de los ingresos y la rentabilidad permite evaluar la salud financiera de la consultora. Puedes medir el ingreso mensual, trimestral o anual, y compararlo con los costos operativos para determinar la rentabilidad. Esto también puede ayudar a identificar períodos de alta y baja demanda y a tomar decisiones informadas sobre la expansión o reducción de servicios.

b) Costo de adquisición de clientes (CAC):

El CAC mide cuánto cuesta atraer a un nuevo cliente. Este KPI incluye todos los gastos de marketing y ventas, divididos por el número de nuevos clientes adquiridos en un período determinado. Reducir el CAC suele ser un objetivo clave, ya que un CAC alto puede afectar la rentabilidad del negocio.

c) Retención de clientes:

La capacidad de retener a los clientes es un indicador de la satisfacción y el valor que perciben en los servicios de la consultora. La tasa de retención de clientes mide el porcentaje de clientes que continúan contratando los servicios después de su primera experiencia. Una alta retención de clientes indica que la consultora está logrando resultados satisfactorios y fomentando relaciones de largo plazo.

d) Expansión en el mercado

Este KPI mide el crecimiento de la consultora en términos de mercado. Puedes evaluarlo en función del porcentaje de crecimiento en el número de clientes, la expansión en nuevas regiones o industrias, o la visibilidad y reputación en el sector. Un crecimiento constante es una señal de que la consultora está posicionándose correctamente y ganando relevancia en su nicho.

Ejemplo práctico: Si tu consultora ha generado $50,000 en ingresos trimestrales con costos de operación de $30,000, la rentabilidad es de $20,000, lo que indica un margen de beneficio. Para mejorar este margen, puedes buscar reducir costos o incrementar la cartera de clientes sin aumentar significativamente los gastos operativos.

Además de los KPIs generales de negocio, es crucial definir indicadores específicos para cada proyecto de consultoría. Estos KPIs permiten evaluar la efectividad de los servicios ofrecidos, identificar áreas de mejora y asegurarse de que se cumplen los objetivos de cada cliente.

a) Cumplimiento de plazos y eficiencia en la entrega:

Este KPI mide si los proyectos se completan dentro de los plazos acordados. Un historial de entregas puntuales mejora la reputación de la consultora y contribuye a la satisfacción del cliente. La eficiencia en la entrega también incluye el análisis del tiempo dedicado a cada fase del proyecto y si se pueden optimizar ciertos procesos.

b) Satisfacción del cliente:

La satisfacción del cliente es un indicador directo de la calidad del servicio. Puedes medir este KPI a través de encuestas post-proyecto, donde el cliente califique su nivel de satisfacción en términos de resultados, comunicación y calidad de los entregables. La retroalimentación del cliente es valiosa para mejorar los servicios y construir relaciones duraderas.

c) Cumplimiento de los objetivos del proyecto:

Evaluar si se alcanzaron los objetivos específicos del proyecto es fundamental para demostrar el valor del trabajo de la consultora. Por ejemplo, si el objetivo del cliente era reducir costos operativos en un 15%, el KPI correspondiente sería medir el porcentaje de reducción de costos al finalizar el proyecto. Este tipo de KPI no solo valida el éxito del proyecto, sino que también sirve como referencia para futuros contratos.

d) Costos de ejecución del proyecto:

Monitorear los costos de cada proyecto te permite entender cuánto tiempo y recursos se necesitan para cumplir con los entregables. Si un proyecto excede los costos presupuestados, es importante identificar las causas y hacer ajustes en futuros proyectos similares para mejorar la eficiencia.

Ejemplo práctico: Supongamos que estás gestionando un proyecto de optimización de procesos para un cliente, y el objetivo es reducir el tiempo de producción en un 20%. Al final del proyecto, puedes calcular el porcentaje de reducción y compararlo con la meta establecida. Esto permite evaluar si el proyecto cumplió con el objetivo y contribuye a la credibilidad de tu consultora.

e) Medición de la calidad del servicio

La calidad del servicio es un componente crítico del éxito de una consultora, ya que influye en la satisfacción del cliente y en la reputación del negocio. Establecer KPIs para medir la calidad del servicio te ayudará a entender qué tan bien se están cumpliendo las expectativas de los clientes y a identificar áreas de mejora.

f) Índice de satisfacción del cliente (NPS)

El Net Promoter Score (NPS) es una métrica popular para medir la satisfacción y lealtad del cliente. Pregunta a los clientes qué probabilidad tienen de recomendar tus servicios en una escala de 1 a 10. Las respuestas se dividen en promotores, pasivos y detractores, y el índice NPS se calcula restando el porcentaje de detractores del porcentaje de promotores.

g) Tasa de resolución de problemas

Este KPI mide la capacidad de la consultora para resolver problemas o desafíos que surgen durante los proyectos. Un alto índice de resolución demuestra que la consultora es capaz de gestionar situaciones complejas y superar obstáculos para alcanzar los objetivos. También puedes medir el tiempo promedio de resolución para optimizar la eficiencia en el manejo de problemas.

h) Recomendaciones y referencias de clientes

La cantidad de clientes que llegan por referencias o recomendaciones es una métrica importante para evaluar la calidad del servicio. Las referencias son una señal de que los clientes actuales están satisfechos y confían en la capacidad de la consultora para ofrecer resultados. Esta métrica también puede ayudar a reducir el costo de adquisición de clientes.

i) Calidad de los entregables

La calidad de los entregables es fundamental en cualquier proyecto de consultoría. Este KPI puede medirse a través de revisiones internas y de la retroalimentación del cliente, evaluando la precisión, relevancia y utilidad de los materiales entregados. Las evaluaciones de calidad ayudan a identificar áreas en las que los entregables pueden mejorar y a garantizar que cumplan con los estándares de la consultora y del cliente.

Ejemplo práctico: Después de finalizar un proyecto, puedes preguntar al cliente sobre la calidad de los entregables y su disposición para recomendar tus servicios. Si obtienes un alto índice de recomendación, esto refleja la satisfacción y confianza del cliente y, en el largo plazo, puede llevar a nuevas oportunidades de negocio.

Establecer KPIs es fundamental para medir el éxito y mejorar el desempeño de una consultora. Los indicadores clave de negocio, de proyectos y de calidad del servicio proporcionan una visión integral del estado del negocio y de la satisfacción del cliente. Monitorear estos indicadores de manera constante permite realizar ajustes estratégicos y asegurar que la consultora esté bien posicionada para ofrecer servicios de alto valor y alcanzar sus objetivos a largo plazo.

8.2 Herramientas y Métodos de Evaluación del Desempeño

Las herramientas y métodos de evaluación del desempeño son esenciales para analizar objetivamente los resultados y obtener información valiosa sobre la efectividad de la consultora y el valor de los servicios ofrecidos. Implementar herramientas de evaluación permite obtener datos precisos, mejorar procesos y tomar decisiones informadas para optimizar el rendimiento. A continuación, se presentan algunos métodos y herramientas clave para la evaluación de desempeño en una consultora.

Las encuestas de satisfacción del cliente son una de las herramientas más efectivas para obtener retroalimentación directa sobre la calidad del servicio. Estas encuestas brindan una evaluación sobre aspectos específicos de cada proyecto, permitiendo entender mejor las expectativas y necesidades del cliente.

Realizar una encuesta al finalizar cada proyecto permite evaluar el nivel de satisfacción del cliente en aspectos como el cumplimiento de plazos, la calidad de los entregables y la comunicación. Preguntar al cliente si se alcanzaron sus objetivos o si alguna área del servicio podría mejorarse brinda una visión clara sobre el desempeño de la consultora.

En el caso de clientes con contratos a largo plazo, es útil realizar encuestas periódicas para monitorear la satisfacción a lo largo del tiempo. Esto permite hacer ajustes durante el proyecto y asegurarse de que el cliente esté recibiendo el valor esperado.

Combinar preguntas específicas sobre el proyecto (cumplimiento de objetivos, calidad de entregables) con preguntas generales sobre la experiencia global (probabilidad de recomendar el servicio, percepción de valor) ayuda a obtener una visión completa de la satisfacción del cliente.

Ejemplo práctico: Supón que tu consultora ha finalizado un proyecto de consultoría en recursos humanos. Una pregunta clave en la encuesta podría ser: "¿Considera que las recomendaciones brindadas por la consultora han tenido un impacto positivo en su equipo?" Esta pregunta permite evaluar directamente la efectividad del trabajo realizado.

El análisis de retorno de inversión (ROI) es una herramienta que permite medir el impacto financiero de los proyectos y demostrar a los clientes el valor tangible de los servicios de la consultora. Este análisis ayuda a justificar los costos de la consultoría y a mostrar cómo los servicios ofrecidos contribuyen al crecimiento del cliente.

El ROI se calcula comparando los beneficios generados por el proyecto con el costo del servicio. La fórmula básica para calcular el ROI es:

$$ROI = \frac{\underline{(Beneficios - Costo)}}{Costo} \times 100$$

Este cálculo permite mostrar al cliente el retorno financiero del proyecto y resaltar la contribución de la consultora.

Al calcular el ROI, considera tanto los beneficios directos (como el aumento de ingresos o la reducción de costos) como los indirectos (como la mejora de procesos o el fortalecimiento de la reputación). Esto brinda una visión completa del impacto de la consultoría.

Es importante presentar los resultados del ROI de forma comprensible para el cliente, resaltando los beneficios alcanzados y cómo se relacionan con los objetivos planteados al inicio del proyecto.

Ejemplo práctico: Imagina que tu consultora implementa un programa de optimización de ventas para un cliente y los ingresos anuales aumentan en $100,000 con una inversión de $20,000. El ROI sería de 400%, mostrando un retorno muy favorable y justificando el valor del proyecto.

Al finalizar cada proyecto, realizar una revisión exhaustiva de los procesos y resultados permite identificar lecciones que se pueden aplicar en futuros proyectos. Esta práctica no solo mejora la efectividad de la consultora, sino que también ayuda a evitar errores y optimizar los procesos.

Al analizar cada proyecto, es útil identificar qué objetivos se cumplieron según lo planeado y cuáles no. Esto permite determinar las áreas en las que la consultora es fuerte y las áreas que requieren ajustes para mejorar los resultados futuros.

Documentar las estrategias y enfoques que contribuyeron al éxito del proyecto ayuda a establecer buenas prácticas que pueden replicarse en otros clientes. Las buenas prácticas refuerzan la consistencia en los resultados y mejoran la eficiencia operativa.

Revisar los problemas y obstáculos que surgieron durante el proyecto, y cómo se resolvieron, permite que el equipo aprenda de las experiencias y esté mejor preparado para gestionar desafíos similares en el futuro.

Involucrar a todos los miembros del equipo en la revisión del proyecto permite obtener diferentes perspectivas y mejorar la colaboración. Las reuniones de revisión facilitan la comunicación interna y aseguran que todos comprendan las lecciones aprendidas.

Ejemplo práctico: Supón que durante un proyecto de consultoría en gestión de cambio, el equipo encontró resistencia de algunos empleados del cliente. La revisión del proyecto puede incluir estrategias de comunicación y motivación que se implementaron para superar esta resistencia, documentando los enfoques más efectivos para futuros proyectos.

Implementar herramientas y métodos de evaluación del desempeño, como las encuestas de satisfacción, el análisis de ROI y las revisiones post-proyecto, permite a las consultoras obtener datos valiosos sobre el impacto de su trabajo y las áreas de mejora. Estas herramientas ayudan a optimizar los procesos internos, a demostrar el valor tangible de los servicios y a fortalecer la relación con los clientes mediante un enfoque basado en resultados. La medición constante y la disposición para aprender de cada proyecto son claves para una consultora que busca mejorar continuamente y asegurar el éxito de sus proyectos.

8.3 Medición del Crecimiento y Expansión de la Consultora

El crecimiento de una consultora no solo se mide en términos de ingresos, sino también en la capacidad de retener clientes, expandirse a nuevos mercados y construir una reputación sólida en el sector. Medir el crecimiento y la expansión de la consultora de manera estructurada permite evaluar el desempeño a largo plazo y tomar decisiones estratégicas para optimizar el desarrollo del negocio.

La retención y la adquisición de clientes son indicadores esenciales de éxito para una consultora. Estas métricas no solo reflejan la capacidad de captar nuevos clientes, sino también la calidad del servicio y la satisfacción de los clientes actuales.

La retención de clientes mide el porcentaje de clientes que renuevan o continúan contratando los servicios de la consultora después de su primera experiencia. Una alta tasa de retención indica que los clientes están satisfechos y valoran la relación con la consultora. Para calcularla, puedes usar la siguiente fórmula:

Tasa de Retención = $\frac{\text{(Clientes al final del periodo−Nuevos clientes adquiridos)} \times 100}{\text{Clientes al inicio del periodo}}$

La adquisición de nuevos clientes mide la capacidad de la consultora para atraer y cerrar nuevos contratos. Esta métrica puede ayudarte a evaluar la efectividad de las estrategias de marketing y la capacidad de la consultora para acceder a nuevos mercados o segmentos.

El porcentaje de contratos repetidos refleja la frecuencia con la que los clientes existentes vuelven a contratar los servicios de la consultora. Un alto porcentaje de contratos repetidos es una señal de confianza en los servicios y la calidad del trabajo.

Ejemplo práctico: Supón que tienes 20 clientes al inicio del año y logras mantener a 15 de ellos, mientras adquieres 5 nuevos. La tasa de retención sería del 75%, lo cual indica un buen nivel de satisfacción de los clientes actuales.

Además de retener y adquirir clientes, el crecimiento de una consultora también se refleja en su capacidad para expandirse a nuevos mercados y fortalecer su reputación en el sector. Estos factores no solo aumentan la visibilidad, sino que también contribuyen a posicionar a la consultora como un actor relevante y confiable en su área de especialización.

La diversificación geográfica o sectorial permite que una consultora amplíe sus oportunidades de negocio y reduzca su dependencia de un solo mercado. Medir el crecimiento en nuevas regiones o industrias ofrece una visión clara de la expansión y muestra la adaptabilidad de la consultora a diferentes contextos. Esto puede incluir el análisis del porcentaje de ingresos provenientes de nuevos mercados o la cantidad de nuevos clientes de un sector específico.

La visibilidad de la consultora se puede evaluar a través de indicadores como menciones en medios especializados, publicaciones en plataformas profesionales y participaciones en eventos de la industria. Una consultora que participa activamente en el sector es percibida como una autoridad y se convierte en una opción preferida para los clientes. Para medir este aspecto, considera el número de conferencias en las que has sido invitado, artículos publicados y la interacción en redes profesionales como LinkedIn.

La reputación en línea es fundamental para una consultora, ya que muchos clientes basan su decisión en las recomendaciones y opiniones de otros. Puedes medir la reputación de tu consultora analizando las reseñas y calificaciones en sitios web de referencia, así como el número de recomendaciones en redes profesionales. Las referencias de clientes satisfechos son un indicador fuerte de credibilidad y confianza, y también pueden traducirse en nuevos contratos.

Las alianzas estratégicas con otras empresas o consultoras pueden ser un indicador de crecimiento y reputación en el mercado. Estas colaboraciones permiten acceder a proyectos de mayor envergadura y a clientes que requieren soluciones integradas. Evaluar el número y calidad de estas alianzas ayuda a medir la capacidad de la consultora para posicionarse como un socio confiable y relevante en el sector.

Ejemplo práctico: Supón que tu consultora ha comenzado a trabajar con empresas del sector de tecnología, además del sector de salud donde comenzó. Al finalizar el año, puedes evaluar qué porcentaje de los ingresos proviene del sector tecnológico y cómo esto contribuye a la diversificación de la cartera de clientes.

El éxito de una consultora depende en gran medida del compromiso y satisfacción del equipo. La retención de talento, el desarrollo profesional y el bienestar del equipo son indicadores de un ambiente de trabajo saludable y de una organización comprometida con el desarrollo de sus empleados.

La tasa de retención de empleados mide el porcentaje de miembros del equipo que permanecen en la consultora a lo largo del tiempo. Un alto índice de retención indica que los empleados están satisfechos y motivados. Esto es importante, ya que una consultora con baja rotación de personal puede ofrecer una mayor continuidad y calidad en los proyectos.

Realizar encuestas periódicas de satisfacción del equipo permite conocer las percepciones de los empleados sobre su ambiente laboral, oportunidades de crecimiento y satisfacción general. Las encuestas de satisfacción son una herramienta valiosa para identificar áreas de mejora y fortalecer la cultura organizacional.

Medir el número de capacitaciones, certificaciones o programas de desarrollo en los que ha participado el equipo es un indicador del compromiso de la consultora con el desarrollo profesional. Un equipo que cuenta con habilidades actualizadas y se siente valorado estará más motivado y preparado para enfrentar los desafíos de cada proyecto.

Realizar evaluaciones de desempeño periódicas permite evaluar el rendimiento individual y colectivo del equipo. Estas evaluaciones ayudan a identificar fortalezas y áreas de mejora, y permiten diseñar planes de acción personalizados para optimizar el desempeño del equipo.

Ejemplo práctico: Supón que realizas una encuesta de satisfacción y descubres que los empleados valoran las oportunidades de capacitación, pero desean más flexibilidad en sus horarios. Esta retroalimentación puede ayudarte a implementar cambios que mejoren la satisfacción y aumenten la retención de talento en la consultora.

Medir el crecimiento y la expansión de la consultora desde múltiples perspectivas permite obtener una visión integral de su éxito. La retención de clientes, la visibilidad en el sector, la satisfacción del equipo y la expansión a nuevos mercados son indicadores que reflejan el valor que la consultora aporta tanto a sus clientes como a su propio equipo. Evaluar estos aspectos de manera constante y con herramientas adecuadas permitirá que la consultora tome decisiones estratégicas que favorezcan su crecimiento sostenible y su relevancia en el sector.

La evaluación del desempeño solo es efectiva si se utiliza como una base para hacer ajustes estratégicos y operativos que mejoren los resultados. La capacidad de una consultora para analizar los datos obtenidos y realizar cambios oportunos en sus métodos y enfoques es fundamental para mantener la competitividad y responder a las necesidades cambiantes de los clientes y el mercado.

Cuando los resultados no cumplen con los objetivos establecidos, es crucial identificar las causas y realizar ajustes para mejorar el desempeño en el futuro. El análisis de desviaciones permite detectar patrones y problemas recurrentes que pueden estar afectando la efectividad de la consultora.

Al comparar los resultados obtenidos con los objetivos establecidos en los KPIs, es posible identificar áreas que no están cumpliendo con las expectativas. Estos aspectos pueden incluir la gestión de proyectos, el control de costos o la satisfacción del cliente. Documentar estas áreas de mejora permite desarrollar estrategias específicas para abordarlas.

Para cada desviación identificada, realiza un análisis de las causas subyacentes. Esto puede incluir factores internos, como la falta de recursos o una comunicación ineficiente, o factores externos, como cambios en las demandas del cliente o en el mercado. Una vez identificadas las causas, diseña soluciones prácticas para corregirlas.

Después de realizar ajustes, monitorea de cerca los resultados para evaluar su efectividad. Si los cambios no tienen el impacto esperado, considera realizar modificaciones adicionales o adoptar un enfoque diferente. El seguimiento constante es fundamental para asegurar que los ajustes generen mejoras sostenibles.

Ejemplo práctico: Supón que descubres que un proyecto se ha retrasado debido a problemas de comunicación interna. Después de identificar la causa, implementar reuniones de seguimiento semanales para mejorar la coordinación entre los miembros del equipo. Este ajuste puede ayudar a reducir los tiempos de entrega en futuros proyectos.

Para mantener la efectividad de los ajustes y la relevancia de los KPIs, es útil establecer ciclos de revisión periódicos. Estas revisiones permiten a la consultora evaluar el progreso en intervalos regulares y realizar los cambios necesarios en tiempo real, en lugar de esperar a que surjan problemas.

Las revisiones trimestrales permiten realizar ajustes en los objetivos a corto plazo y evaluar el impacto de los cambios recientes. Las revisiones anuales, en cambio, ofrecen una visión de largo plazo y permiten evaluar el progreso en la consecución de los objetivos estratégicos.

Durante cada revisión, evalúa la relevancia de los KPIs utilizados y ajusta las métricas si es necesario. A medida que la consultora crece o se diversifica, puede ser necesario actualizar los KPIs para reflejar los nuevos objetivos o las realidades del mercado.

Involucrar tanto al equipo como a los clientes en el proceso de revisión permite obtener una perspectiva completa de los resultados. La retroalimentación de los clientes proporciona información sobre la satisfacción con los servicios, mientras que el equipo puede aportar ideas para optimizar los procesos y mejorar la eficiencia.

Ejemplo práctico: Supón que realizas una revisión trimestral y descubres que la adquisición de clientes no ha alcanzado el objetivo previsto. Durante la revisión, ajustas la estrategia de marketing y enfocas tus esfuerzos en redes sociales específicas que están generando mayor interacción, en lugar de distribuir recursos en múltiples canales.

El uso de herramientas digitales para el análisis y monitoreo de datos permite a las consultoras automatizar la recolección de métricas y obtener información en tiempo real. Las herramientas de software ayudan a visualizar los KPIs y proporcionan un análisis detallado que facilita la toma de decisiones.

Los sistemas de gestión de KPIs permiten centralizar todas las métricas clave y visualizar el rendimiento de la consultora en tiempo real. Estos sistemas generan gráficos y reportes que facilitan la interpretación de los datos y muestran las tendencias de desempeño.

Un software CRM permite hacer un seguimiento detallado de cada cliente y sus proyectos, lo que facilita la identificación de patrones en la satisfacción del cliente y la frecuencia de contratos repetidos. Además, permite almacenar y organizar la retroalimentación del cliente de forma accesible.

La automatización de reportes permite obtener actualizaciones periódicas sin la necesidad de realizar cálculos manuales. Esto facilita el monitoreo de los KPIs y permite a la consultora reaccionar de manera ágil ante cualquier cambio en los resultados.

Ejemplo práctico: Utilizar un sistema de gestión de KPIs para monitorear la tasa de retención de clientes en tiempo real permite visualizar si algún cliente ha dejado de contratar servicios recientemente y analizar las posibles causas. Esto da a la consultora la oportunidad de mejorar la satisfacción del cliente y evitar pérdidas de clientes en el futuro.

La optimización basada en resultados es un proceso continuo que permite a la consultora adaptarse y mejorar de manera constante. Al realizar ajustes en función del análisis de desviaciones, establecer ciclos de revisión periódicos y utilizar software de análisis, la consultora asegura que sus procesos y estrategias se alineen con los objetivos de crecimiento y satisfacción del cliente. Esta capacidad de adaptación no solo fortalece el rendimiento de la consultora, sino que también refuerza su posicionamiento como una organización comprometida con la calidad y la mejora continua.

8.4 Ejemplos de Indicadores y Tableros de Control

El uso de indicadores y tableros de control permite a la consultora visualizar de forma clara y organizada el rendimiento de los proyectos, la satisfacción del cliente y el progreso hacia los objetivos de negocio. Los tableros de control (dashboards) son herramientas prácticas para monitorear los KPIs en tiempo real y facilitar la toma de decisiones. A continuación, exploraremos algunos ejemplos de indicadores clave y la estructura de un tablero de control efectivo para una consultora.

Un tablero de control proporciona una vista general de los KPIs más relevantes en un solo lugar, facilitando el seguimiento del desempeño y la identificación rápida de áreas que requieren ajustes. El diseño de un buen dashboard depende de los objetivos específicos de la consultora y de los proyectos, pero algunos elementos clave incluyen:

a) Indicadores financieros

Ingresos totales: Muestra el ingreso acumulado del período (mensual, trimestral o anual).

Rentabilidad: Calcula el margen de beneficio de cada proyecto o del negocio en general.

Costo de adquisición de clientes (CAC): Permite evaluar la inversión en marketing y ventas necesaria para atraer a nuevos clientes.

b) Indicadores de cliente

Tasa de retención de clientes: Muestra el porcentaje de clientes que han continuado contratando los servicios de la consultora.

Índice de satisfacción del cliente (NPS): El Net Promoter Score ayuda a medir la satisfacción general y la lealtad de los clientes.

Tasa de referencias: Indica el número de nuevos clientes que llegan a través de referencias de clientes actuales.

c) Indicadores de proyecto

Cumplimiento de plazos: Muestra el porcentaje de proyectos entregados a tiempo frente a los retrasados.

Progreso de los hitos del proyecto: Permite monitorear el avance de cada fase de los proyectos en curso.

Eficiencia en la entrega: Mide la relación entre el tiempo previsto para cada tarea y el tiempo realmente utilizado.

d) Indicadores de crecimiento

Expansión de mercado: Muestra el crecimiento en nuevas regiones, industrias o sectores.

Aumento en el número de clientes: Permite visualizar el crecimiento en la cartera de clientes en un período determinado.

Visibilidad en el sector: Indica menciones en medios, eventos de networking o colaboraciones estratégicas que refuerzan la reputación de la consultora.

Ejemplo práctico: Supongamos que tu consultora utiliza un dashboard en el que puede ver, en tiempo real, que la tasa de retención de clientes es del 85%, la satisfacción del cliente es de 8.5 sobre 10 y que el CAC ha disminuido en un 10% respecto al trimestre anterior. Estos datos muestran que los esfuerzos de fidelización y adquisición de clientes han sido efectivos, lo que ayuda a tomar decisiones estratégicas informadas.

Casos prácticos de indicadores de rendimiento:

Aquí tienes ejemplos específicos de indicadores de rendimiento puede ayudar a visualizar el impacto de los KPIs en la evaluación del éxito de la consultora. Aquí tienes algunos ejemplos de casos prácticos:

1. Caso práctico de un proyecto de reducción de costos

KPI principal: Porcentaje de reducción de costos operativos.

Indicador complementario: Tiempo de implementación del plan de reducción de costos.

Resultado esperado: Reducir los costos operativos en un 15% en un plazo de tres meses.

2. Caso práctico de un proyecto de optimización de procesos

KPI principal: Tiempo promedio de ciclo de producción o entrega de servicio.

Indicador complementario: Nivel de satisfacción de los empleados con los nuevos procesos.

Resultado esperado: Reducir el tiempo de ciclo en un 20% y mejorar la satisfacción del equipo.

3. Caso práctico de una campaña de adquisición de clientes

KPI principal: Número de clientes adquiridos a través de campañas de marketing digital.

Indicador complementario: CAC (Costo de Adquisición de Clientes) en relación al presupuesto invertido en la campaña.

Resultado esperado: Aumentar el número de nuevos clientes en un 25% y reducir el CAC en un 10% respecto al trimestre anterior.

4. Caso práctico de una estrategia de retención de clientes

KPI principal: Tasa de retención de clientes.

Indicador complementario: Nivel de satisfacción del cliente (NPS) y número de contratos renovados.

Resultado esperado: Incrementar la tasa de retención en un 5% y mantener un NPS por encima de 9.

Los tableros de control y los indicadores clave de rendimiento ofrecen a las consultoras herramientas visuales y prácticas para monitorear su desempeño en tiempo real. Estos indicadores ayudan a identificar rápidamente los logros y los desafíos, permitiendo realizar ajustes informados para mejorar el rendimiento. Además, los casos prácticos de KPIs ayudan a ver cómo los resultados cuantificables pueden reflejar el impacto de cada proyecto y estrategia, fortaleciendo la confianza de los clientes y asegurando un crecimiento sostenido para la consultora.

Después de haber recorrido todos los pasos necesarios para crear y desarrollar tu consultora, es hora de reflexionar sobre lo aprendido. En la conclusión, sintetizaremos las lecciones principales y te daremos un mensaje final para motivarte a tomar acción y avanzar con confianza en tu camino como consultor.

CAPÍTULO 9: "EL CAMINO AL ÉXITO COMO CONSULTOR"

Construir tu propia consultora es mucho más que un desafío profesional: es una declaración de intenciones sobre cómo deseas impactar en el mundo a través de tu conocimiento y habilidades. En este viaje, te has armado con las herramientas y estrategias necesarias para transformar tus ideas en un negocio estructurado, superar los obstáculos que encuentres en el camino y adaptarte a los cambios constantes del mercado. Este capítulo final tiene como objetivo consolidar todo lo aprendido y motivarte a tomar acción inmediata, recordándote que cada pequeño paso cuenta hacia el éxito.

9. 1 Resumen de las Lecciones Clave

Al mirar hacia atrás, es importante recordar las lecciones fundamentales que han sido el pilar de este libro. Estas ideas son tu mapa para navegar con confianza:

1. **El propósito como motor**
   Todo comienza con un *por qué*. Tu propósito no solo define quién eres como consultor, sino también cómo

te perciben tus clientes. Al tener una misión clara, puedes conectar emocionalmente con ellos y construir relaciones basadas en confianza y valor.

2. **La planificación estratégica como guía**
La improvisación puede ser emocionante, pero no puede ser la base de tu éxito. A través de herramientas como el análisis FODA y los objetivos SMART, aprendiste a estructurar tu camino hacia metas concretas y alcanzables.

3. **La importancia del marketing y la diferenciación**
Destacar en un mercado competitivo requiere un esfuerzo consciente para construir una marca personal sólida y desarrollar estrategias de marketing que reflejen tu propuesta de valor única. Recuerda: no se trata solo de vender servicios, sino de contar historias que conecten con tus clientes ideales.

4. **Gestión financiera y operativa eficiente**
Mantener tus operaciones organizadas y tu flujo de caja saludable son la base de la sostenibilidad de tu consultora. Las herramientas tecnológicas y el monitoreo constante te permiten optimizar recursos y maximizar resultados.

5. **El cliente como centro de todo**

   Conseguir tu primer cliente es un hito importante, pero retenerlo y construir relaciones a largo plazo es lo que verdaderamente define a una consultora exitosa.

9. 2 Checklist para tu Consultora

Para facilitar tu avance, aquí tienes un resumen de los pasos clave que puedes seguir:

1. **Define tu propósito y nicho**

   Asegúrate de tener una propuesta de valor clara y diferenciada. ¿Qué problema solucionas y para quién?

2. **Establece metas concretas**

   Usa herramientas como los objetivos SMART para mantenerte enfocado. Divide tus metas en hitos más pequeños y celebrarlos a medida que los alcances.

3. **Crea una estrategia de visibilidad**

   Lanza tu presencia online, participa en eventos de networking y comparte contenido relevante que demuestre tu expertise.

4. **Organiza tus finanzas**

   Mantén un control estricto sobre tus ingresos y gastos.

Usa herramientas tecnológicas para monitorear tu flujo de caja y asegurarte de que tu consultora sea rentable.

5. **Evalúa y ajusta constantemente**
   Revisa regularmente tus resultados utilizando indicadores clave de desempeño (KPIs) y ajusta tus estrategias según sea necesario.

Crear tu consultora es un proceso que requiere paciencia, determinación y una mentalidad abierta al aprendizaje continuo. Como dijo Tony Robbins: *"La vida no ocurre para ti, ocurre a través de ti. Tienes el control."* En este camino, cada decisión que tomes será una oportunidad para crecer, cada desafío una lección, y cada éxito, por pequeño que parezca, un escalón hacia tus objetivos más grandes.

Recuerda que no estás solo en este viaje. Muchos han comenzado desde cero, enfrentando incertidumbres y desafíos, y han logrado construir consultoras que reflejan sus valores y generan impacto en el mundo. Tú también puedes hacerlo.

"Un viaje de mil millas comienza con un solo paso." Este proverbio de Lao Tzu resume perfectamente el mensaje de este libro. Has dado el primer paso al comprometerte con esta lectura y al explorar las posibilidades que la consultoría puede ofrecerte. Ahora es el momento de actuar, de transformar tus ideas en acciones, y de construir un negocio que no solo te dé éxito profesional, sino también satisfacción personal.

El futuro de tu consultora está en tus manos. Toma este libro como una guía, pero recuerda que el verdadero cambio comienza con tu voluntad de avanzar.

ANEXO: PREGUNTAS FRECUENTES (FAQ)

1. ¿Cuánto debo cobrar por mis servicios como consultor?

Determinar tus tarifas depende de varios factores:

- **Tu experiencia**: Un consultor con años de experiencia puede cobrar más que uno que recién comienza.
- **El mercado**: Investiga las tarifas estándar en tu industria y región.
- **El valor que aportas**: Si tu servicio genera un retorno significativo para el cliente, puedes justificar una tarifa más alta.

Una fórmula común para calcular tu tarifa por hora es:

- Divide tus costos anuales esperados (incluidos tus objetivos de ganancias) por las horas que planeas trabajar al año.
  Ejemplo: Si necesitas $100,000 al año y planeas trabajar 1,200 horas facturables, tu tarifa sería de aproximadamente $83 por hora.

2. ¿Cómo consigo a mi primer cliente?

Tu primer cliente puede surgir de tu red de contactos. Algunos consejos:

- Comunica a tus amigos, familiares y colegas tu nuevo proyecto y pídeles referencias.
- Ofrece una consulta inicial gratuita o a un precio reducido para atraer confianza.
- Aplica estrategias de networking en eventos y plataformas como LinkedIn.

Ejemplo: Un consultor en marketing digital podría ofrecer una auditoría gratuita de la estrategia online de un negocio local. Si el cliente ve el valor, estará dispuesto a contratar servicios más amplios.

3. ¿Qué hacer si un cliente no paga a tiempo?

Es crucial establecer términos claros desde el principio:

- **Contrato por escrito**: Define plazos de pago, montos y consecuencias en caso de retrasos.

- **Recordatorios**: Envía recordatorios antes y después de la fecha de vencimiento.
- **Alternativas de resolución**: Si no obtienes respuesta, puedes ofrecer un plan de pagos o, como último recurso, tomar medidas legales.

Consejo práctico: Utiliza plataformas de facturación que envíen recordatorios automáticos y faciliten el proceso de pago, como PayPal o QuickBooks.

4. ¿Cómo puedo diferenciarme en un mercado competitivo?

Tu diferenciación radica en tu propuesta de valor y en cómo comunicas tus habilidades únicas:

- **Especialización**: Focalízate en un nicho de mercado específico.
- **Testimonios**: Recopila recomendaciones de tus clientes iniciales para mostrar tu credibilidad.
- **Presencia online**: Construye una marca sólida en redes sociales y blogs, compartiendo contenido valioso y educativo.

5. ¿Cuánto tiempo lleva construir una consultora rentable?

El tiempo varía según tu enfoque, experiencia y nicho de mercado, pero en promedio:

- Los primeros 6-12 meses suelen enfocarse en construir una base de clientes y ajustar tus servicios.
- La rentabilidad sostenible puede alcanzarse entre el segundo y tercer año si gestionas bien tus recursos y mantienes relaciones sólidas con tus clientes.

6. ¿Qué hago si no tengo experiencia previa como consultor?

No necesitas ser consultor para comenzar; necesitas tener conocimiento experto en un área específica. Algunos pasos clave:

- Comienza con proyectos pequeños o trabajos pro bono para ganar experiencia.
- Usa tus antecedentes profesionales como base para desarrollar tu propuesta de valor.

- Aprende sobre metodologías y técnicas de consultoría a través de libros, cursos y mentorías.

7. ¿Qué herramientas necesito para gestionar mi consultora?

Algunas herramientas esenciales incluyen:

- **Gestión de proyectos**: Trello, Asana o Monday.com.
- **Facturación y finanzas**: QuickBooks, FreshBooks o Wave.
- **Marketing y visibilidad**: Canva para diseño, MailChimp para email marketing y LinkedIn para networking.
- **Seguimiento de clientes**: HubSpot o Zoho CRM.

8. ¿Cómo consigo referencias y recomendaciones?

Pide a tus clientes satisfechos que compartan su experiencia contigo:

- **Solicita testimonios escritos o en video**.
- **Ofrece descuentos o incentivos por referidos**.

- Usa plataformas como LinkedIn para mostrar tus recomendaciones públicas.

9. ¿Qué hago si el cliente no sabe lo que necesita?

Muchos clientes saben que tienen un problema pero no cómo resolverlo. En estos casos:

- **Escucha atentamente**: Usa preguntas abiertas para comprender sus necesidades.
- **Educa**: Explícales cómo tus servicios pueden ayudarles, pero de forma clara y sencilla.
- **Ofrece opciones**: Presenta varias soluciones para que puedan elegir la que más se alinee con sus prioridades.

10. ¿Cómo sé si mi consultora está teniendo éxito?

Establece indicadores clave de desempeño (KPIs):

- Tasa de retención de clientes.
- Número de clientes nuevos al trimestre.
- Rentabilidad por proyecto.
- Satisfacción del cliente medida a través de encuestas.

Revisa estos indicadores periódicamente para ajustar tu estrategia y mantener tu consultora en el camino correcto.

REFERENCIAS BIBLIOGRÁFICAS

1. Christensen, C. (1997). *El dilema del innovador: Cuando las nuevas tecnologías causan el fracaso de las grandes empresas.* Harvard Business Review Press.
2. Clear, J. (2018). *Hábitos atómicos: Un método fácil y probado para adquirir buenos hábitos y dejar atrás los malos.* Avery.
3. Collins, J. (2001). *Empresas que sobresalen: Por qué unas sí y otras no.* HarperBusiness.
4. Collins, J., & Porras, J. (1994). *Empresas que perduran: Hábitos exitosos de las compañías visionarias.* HarperBusiness.
5. Covey, S. R. (1989). *Los 7 hábitos de la gente altamente efectiva: Lecciones poderosas sobre el cambio personal.* Free Press.
6. Drucker, P. (1954). *La práctica de la gestión.* Harper & Brothers.

7. Drucker, P. (1966). *El ejecutivo eficaz: La guía definitiva para hacer las cosas bien.* HarperBusiness.

8. Godin, S. (2003). *La vaca púrpura: Transforme su negocio destacándose.* Portfolio.

9. Godin, S. (2018). *Esto es marketing: No puedes ser visto hasta que aprendas a ver.* Portfolio.

10. Hoffman, R., & Casnocha, B. (2012). *El startup de tú mismo: Adáptate al futuro, invierte en ti mismo y transforma tu carrera.* Crown Business.

11. Kaplan, R. S., & Norton, D. P. (1996). *El cuadro de mando integral: Traducir la estrategia en acción.* Harvard Business Review Press.

12. Kotler, P., & Keller, K. L. (2015). *Dirección de marketing.* Pearson.

13. Maister, D. H., Green, C. H., & Galford, R. M. (2000). *El asesor de confianza.* Free Press.

14. Maister, D. H. (1997). *Gestión de empresas de servicios profesionales.* Free Press.

15. Porter, M. E. (1980). *Estrategia competitiva: Técnicas para analizar industrias y competidores.* Free Press.

16. Porter, M. E. (1985). *Ventaja competitiva: Creación y sostenibilidad del desempeño superior.* Free Press.

17. Robbins, A. (1991). *Despierta al gigante que llevas dentro: Cómo tomar el control de tu destino mental, emocional, físico y financiero.* Free Press.

18. Ries, E. (2011). *El método Lean Startup: Cómo crear empresas de éxito utilizando la innovación continua.* Crown Business.

19. Sinek, S. (2009). *Empieza con el porqué: Cómo los grandes líderes inspiran a todos a actuar.* Portfolio.

20. Sinek, S. (2014). *Los líderes comen al final: Por qué algunos equipos trabajan bien juntos y otros no.* Portfolio.

21. Weiss, A. (2009). *Consultoría millonaria: La guía profesional para hacer crecer una práctica.* McGraw-Hill Education.